追梦港闸

Gangzha Dreaming

南通报业传媒集团 编

总顾问

黄卫锋 曹金海

总策划

顾 华 镇海洋

总监制

谢小兵

总审稿

宋 捷

总编撰

王 健

执行编撰

张 坚

创意总监

潘卫兵

创意设计

岳招军 顾玲玲 魏一凡

撰文

宋 捷 王 健 张 坚 赵 彤 沈 樑 冯启榕 李 波
龚 丹 王俊荣 薛 雯 陈 辉 钱刚美 程宗浦 杨储睿

图片

王俊荣 陈建华 徐培钦 李 波 许丛军 黄 哲 袁松程
钱伟章 吴迎晨 彭常青 范 胜 马 竞 曹海峰 陈德军
翟东平 周俭如

（作者署名如有遗漏，请及时与编者联系）

你是一串响亮的风铃
挂在扬子江的窗口
在一帘温和水月之上
是我的南通港闸

立在这片有厚度的大地
背依这一片如画烟水
怀抱前人留下的宝典
手托后来者升腾的希望

九百六十万平方公里
如此辽阔,只这一片土地
我就爱得这般深情

爱看长江波浪江枫渔火
乐享运河流水柳岸风情
说一个村居地名
讲一段小镇故事
听一出连台好戏
饮一壶陈年佳酿
舞月明,风清乾坤笃定
展书卷,飞阅盛世华章

·目·录·

- 邂逅与拥抱历经百年的港闸气质　　02

【运河怀古——发掘港闸运河文化密码】

- 两条运河，从远古流淌到未来　　14
- 通扬运河：两千年凿出财富之路　　20
- 通吕运河：连缀古镇一串串　　24
- 永兴场：风水宝地深藏功与名　　28
- 十八里河口：千年背影，无尽乡愁　　30
- 陈桥五代石碑：隐藏一段历史密码　　34
- 秦灶盐迹：这里垒起江海第一灶　　37
- 渡娘：运河上消失的风景　　40

【近代风云——回眸港闸民族工商业遗存】

- 小镇大厂，强国之梦从这里起步　　46
- 大生纱厂：中国近代第一城的基石　　50
- 天生港：南通接轨上海的第一座里程碑　　54
- 港闸公路：一条路上诞生了N个"中国第一"　　58
- 大生码头：最美地标见证薪尽火传　　62
- 大达轮船：从运河驶向江海　　66
- 大洋桥：河东河西好风光　　70

- 高氏红楼：流金岁月的守望者　　　　　　　　74
- 老工房：这里曾经住过七十二家房客　　　　78
- 银光大戏院：一间仓库演绎绝代风华　　　　82
- 大生护理院：穿越百年光阴，这里夕阳独好　86
- 泽生街：一个地名记住了两处繁华　　　　　90

【岁月留痕——探寻港闸老地名文化】

- 地名已老去，好故事才开始　　　　　　　　97
- 复兴沙：这里发源了港闸　　　　　　　　　100
- 万善寺：从前有座庙，建于南北朝　　　　　102
- 镇海关帝庙：渡海桅杆今何在　　　　　　　104
- 白龙庙：一条小白龙，在这里等你　　　　　106
- 龙潭：荷花犹在，只等白龙腾飞　　　　　　110
- 高店：此处繁荣从路边小店开始　　　　　　112
- 十里坊：始于距通十里，终为热闹之地　　　116
- 芦泾港：从江边渔火到万家灯火　　　　　　118
- 通燧街：一根火柴点亮一条街　　　　　　　120
- 陈家榨：清末就是"商业街"　　　　　　　122
- 五里树：这里有个百姓的"大客厅"　　　　126
- 八里庙：古亭河畔老地标　　　　　　　　　128
- 汤家巷：拾起一段唐闸记忆　　　　　　　　130
- 陈家桥：难忘当年那座桥　　　　　　　　　136

【风景独好——玩转港闸必游景点】

- 最美风景,就在爱上港闸的人心中   140
- 唐闸近代工业风情小镇:百年前就是"网红"   146
- 五水汇:桨声灯影市北夜   152
- 普贤寺:786岁的罗汉松萌发新枝   154
- 城市绿谷:面朝长江,鸟语花香   159
- 唐闸公园:这里是中国菊花保种基地   162
- 通吕运河绿廊:古运河正在"逆生长"   166
- 福田寺:岁月风物皆为胜景   170
- 南通森林野生动物园:两万只动物萌翻新市北   174

【非遗传韵——聚焦港闸非遗项目】

- 一手绝技,延续着江海千年血脉   182
- 天生港号子:"大清早起"就开始嗨   186
- 南通谚语:乡土味与古雅风并存   190
- 蓝染:"小缸青"里染出"粉蓝布"   192
- 通作家具:南通"拐儿纹"何以摘得"山花"   196
- 竹编技艺:小小提篮装满了乡愁   198
- 帽仕汇:在南锣鼓巷邂逅南通帽子   200
- 棕编:叶子在指尖幻化为精灵   202
- 冷蒸:四月麦香贮篮里   204
- 酱油酿造:每一滴都是老味道   206
- 甜包瓜:酱香融入"野鸡丝"   208

陆

【百姓舞台——港闸文化品牌建设巡礼】

- 以文化人,共同筑好精神家园　　　　　　　　　　212
- 话剧《张謇》:圆了"话剧之乡"一个梦　　　　　216
- 电视片《张謇》:让更多观众读懂我们的先贤　　　220
- 纪录片《寻找1895》:与特殊年代的对话　　　　　224
- 电影《那些女人》:镜头里的南通风情　　　　　　228
- 电影《六年,六天》:小清新展现大情怀　　　　　232
- 原创歌曲:这几首歌唱出浓浓港闸风　　　　　　　236
- 京剧《青衣》:漫赏青衣美,谁人不曾痴?　　　　240
- 欢乐五水汇:"五水"纳百川,唱响新时代　　　　245
- 群乐汇:将梦想舞台搭建到百姓身边　　　　　　　248

柒

【街道风采——港闸文旅亮点全景扫描】

- 永兴:永续发展,兴旺通达　　　　　　　　　　　252
- 天生港:百年港湾,如意天生　　　　　　　　　　256
- 唐闸:活力老镇,魅力新城　　　　　　　　　　　260
- 秦灶:江海名灶,北城旺地　　　　　　　　　　　264
- 幸福:红色基因,绿色家园　　　　　　　　　　　268
- 陈桥:万顷良田,一眼千年　　　　　　　　　　　272

邂逅与拥抱
历经百年的港闸气质

1. 百年

2020年的5月23日,周六,看似一个普通的日子,人们来到这里看到的也许只是生活的日常。夜幕下的唐闸镇,传统和现代交相辉映。运河两岸,清风徐来,灯火璀璨,唐闸工业遗存保护利用工程已启动多年,不少百年前的场景已经修复与重建,比白天更透着一股浓浓的人间烟火气。

其实,5月23日,注定是一个不寻常的时间节点。121年前的这一天,46岁的张謇创办的大生纱厂开车出纱,揭开了中国近代民族工业的崭新一页。而今,大生的钟楼、公事厅、清花车间、仓库等4个全国文物保护点,伴着大生悠扬的钟声,仿佛还在默默地向人们诉说往日的情景。

从1895年在唐闸创办大生纱厂,到1926年告别这个世界,在31年的时间里,张謇情注通扬运河边上的这片土地,以中国第一家民营股份制企业为龙头,在唐闸一带打造了庞大的实业帝国。他以"强毅力行"的洪荒之力,融通八方,兼济天下,滋养着这方土地上的人民,并延伸到南通其他地方,延伸到江苏沿海。

曾经有个美丽的传说,说1920年的唐闸经过张謇团队20载的苦心经营,商贾云集,商埠林立,常住人口已近5万,和美国的黄石国家公园一起被标注在一张海外出版的世界地图上,距今也有了100年。虽然这个传说无从考证,但足见百年前的唐闸的兴旺和繁华。

而在那个时间段落里,天生港作为南通的卫星镇,也开始热闹起来,港口成为当时既天生又前卫的重大基础设施项目,渐渐改变了人们的生活方式和思想观念。

为了连接沟通唐闸与天生港,1905年,港闸公路正式建成通车。港闸,作为一个专有名词,第一次展示在当时的南通人面前。

百年港闸,其来有自。大美市北,天赋异禀。今天,无论是一个生于斯长于斯的市民,还是一个因为某种机缘来到这里的过客,港闸对你来说,都是一个值得慢慢寻味和细细探究的地方。

夜色阑珊,有人曾经问道:度过一个幸福的夜晚,有多少种可能?答案在港闸找。

2. 气质

城市如人，亦有各自独特的气质。

但凡中国名城，皆有自己鲜明的个性和特质。有的粗犷，有的婉约；有的温情，有的冷峻；有的风情万种，有的刚柔相济；有的海纳百川，有的笃实刚健。

港闸虽不是一座完全意义上的城市，但它的历史可以追溯到一千多年前的唐代，与公元958年通州建城息息相关。作为当代南通城市的副中心区域，它才走过29个年头。这里没有名山大川，没有人文盛景，更不是古都名邑。纵观它的历史，从1000年前的煮海为盐，到600多年前的男耕女织，再到100多年前领中国风气之先的工业革命，及至40多年波澜壮阔的改革开放，更经历了中国特色社会主义的伟大实践，这块土地经历了由煮盐为生到农耕文明、再到工业文明和城市革命的一次次重大转型，从而铸就了一种别样的气质。

从远古走来，最早浸润这方土地特质的无疑是盐文化。在港闸秦灶这个昔日南通最西边的一个盐灶，不久前建了一座盐文化博物馆，还原了当年"烟火三百里，灶煎满天星"的场景；浩瀚的大海、广阔的滩涂、茂密的盐蒿草。艰苦的生存环境、原始的生产工具，铸就了港闸先民坚韧不拔、吃苦耐劳的气质。

农耕文明也被港闸先民在这片100多平方公里的土地上演绎得精彩纷呈，耐盐碱的鸡脚棉和蜚声海内外的小缸青蓝染技艺种植传承至今。

19世纪末，港闸又走到时代和社会改革的前列，近代中国一个崭新的工业文明摇篮在唐闸悄然出现。作为一位伟人，张謇不仅是南通的实业之父、教育之父、城市之父，也是南通的精神之父。他的生命观和使命感，他严谨的治学精神，他在困境中勇于作为、善于作为的精神，在他一手打造的大生工业版图，在"大生系"所赖以生长的港闸大地上，更是根深叶茂，影响深远。

在那个年代,面对帝国主义和封建势力的双重压榨,张謇要成为"开路先锋",高密度地创办一系列企事业,没有强毅力行、坚韧不拔的意志,是断乎不可能成功的。他的这种精神,深深地感染了上万名曾经在纱厂和"大生系"20多家企业务工的产业工人。而他们又如星星之火,把这种气质带回家,潜移默化地影响着这方土地的父老乡亲。

"唐闸实业,名满全国,纱、铁、油、面、茧,创设三部,普及教育,树人兮百年……"这是张謇1906年创办唐闸私立实业小学校写的歌词。十年树木,百年树人。从1920年到现在,正好是个"百年树人"的周期。100年间,张謇超越时代的办学理念和睿智眼光,培养了一代又一代优秀学子,几乎福泽今日港闸区域的每一块土地。

如果要用一个字来概括"港闸气质",那就是"实"。因为这里是近代中国实业之父张謇"母实业"理想之舟的起锚之地。从精神层面上来说,它又是"笃实"之实,是张謇胞兄张詧101年前在唐闸创办敬儒中学时校训"笃实"中的一个字。近百年来,"仰不愧天,不欺不瞒;俯不怍地,不伪不虚"的笃实精神影响了一代又一代港闸同胞,从反对帝制、抗日救亡、建设祖国、改革开放,到阔步走进新时代,在民族百年的各个时期,在实现伟大复兴的征途上,港闸人从来没有缺席,总是谱写出多彩的历史华章。

因为有笃实刚健的底色,南通最早的党组织在唐闸建立,抗战的烽火也较早在唐闸点燃;因为有笃实刚健的底蕴,20世纪初曾创下连获21年厚利经济奇迹的"大

生系",经过社会主义改造后,这些企业成为新中国南通轻纺工业的基础,不仅贡献了巨大的财税收入,更为南通解放初期的工业战线输送了1.5万多名产业工人;因为有笃实刚健的底气,"莫文隋"的原型汤淳渊在这里成长,"慈善双雄"磨刀老人吴锦泉和修车老人胡汉生在这里行善,两院院士姚穆、吴慰祖、闵乃本、巢纪平等从这里走出,共和国将军陈炳德、王康等在这里起步……

国内知名的央企、民企结伴而来,一些在全球零售业呼风唤雨的大鳄接踵而至:美国威斯汀和沃尔玛旗下的山姆会员店来了,法国的迪卡侬和欧尚来了,瑞典的宜家来了,国内知名的万象城、万达、赛格、苏宁易购等都来了……2019年,港闸以南通1.7%的面积、2.5%的人口,贡献了4.7%的GDP、7.2%的一般公共预算收入。这一串数字的背后,是港闸人民笃实刚健的脚步,是港闸人民笃实刚健的追梦历程,更是港闸人民探索与实践中国之治的可喜突破。

面对长三角一体化国家战略的提速实施,面对沪通长江大桥的开通和北沿江高铁等一系列重大基础设施的破土动工,笃实刚健的港闸人已经把"产业提档、项目提效、城市提质、环境提优、民生提标"放上议事日程,聚力实现第三次跨越,争当全方位融入苏南的桥头堡、高科技产业发展的排头兵,正在描绘最新最美的新时代港闸画卷。

站立在港闸某一座桥头凭栏远眺的人,当你为港闸之旅而感慨不虚此行的时候,那必定是你体会到了港闸气质。

3. 邂逅

行色匆匆的都市人,也许偶尔会在内心深处期待一次难忘的邂逅;作为一名游客,或许总在不经意间目睹了令人愉悦的景象与细节;喜欢思考的人,漫步在港闸,有时会发呆,有时在想着此行的收获与意义、这里与那里除了风景之外还有什么不同。

来到港闸,也许不能达成精神上的完全契合,但是,邂逅是有的。

你穿越了北大街商圈的鼎沸与繁华,万顷良田的绿意盎然在不远处静静迎候;你穿梭在散发着浓郁南通特色的后街里巷,不期而遇的西式红楼毫无违和感地伫立其间令人眼前一亮;你原以为港闸的镇街名称大抵源自古老的地名,到了幸福街道,不免以为"幸福来得太突然",殊不知,就是这个地名,也有一段佳话,与新中国的历史紧紧联系在一起;初来乍到,也许你会觉得港闸是一个经受改革开放洗礼后崛起的市北新城,一切都是崭新的模样,可是,来到了非遗传人的家里,看着那些哨口风筝,想起了寒冬凛冽的早晨,听着与北风争鸣的哨口声音,背起书包一溜小跑的儿时生活,顿时又觉得港闸是个有底蕴的地方;也许,走近港闸,你会感觉到现代气息扑面而来,但放下行李、放慢脚步,你不难发现这里有着可贵的近代工业遗存、独特的江海文化传承,你还不难体会这里的情调、这里的乡愁;也许,还可以说,港闸是一个生产、生活、生态三大空间布局错落有致、相得益彰的地方。

人生如逆旅,我也是行人。其实,古往今来,每一次美好的邂逅最终之所以能够定格在记忆深处,都是气质的内核、文化的加持。港闸,期待与你有一次完美的邂逅与拥抱,如果你也正有此意,那么,就让这本可以放在口袋里的《追梦港闸》成为你的一个小小的向导吧。

壹

运河怀古
——发掘港闸运河文化密码

两条运河,
从远古流淌到未来

千百年来,被称为运盐河与串场河的两条古运河静静地流淌在港闸大地。它们后来演变成通扬运河与通吕运河。这两条贯穿南北、横跨东西的水路大动脉对于南通而言,就像中国版图上的京广线和陇海线。它们的存在,为过去的岁月书写了无上荣光,为南通的未来留下了美好梦想。

早在西汉初年,由于南通盐业生产举足轻重的地位,吴王刘濞开通了从扬州至如皋的运盐河。在此后1000多年时间内,这条河不断向东南方向延伸,至北宋嘉祐年间(1056年~1063年)终于与南通全线贯通。

通吕运河则是连接本地各盐场之间的水上通道,史称"串场河",自五代至明朝中后期逐步完善,并最终实现与江海的联通。

没有大江大河的跌宕起伏、汹涌澎湃,也没有动人心魄的急流险滩、峡谷漩涡,南通的两条运河有的只是母亲般的宽厚、大气和沉静。它们更像是两本厚厚的史书,打开它们就犹如打开了一段尘封的历史,这里有先民们"启吾东疆,辟我草莱"的艰难;更有开路者"实业救国,教育兴邦"的悲壮。

南通先民最初的生产活动是从"煮海为盐"开始的。那时候,从各地辗转至此的"流民"分散在荒芜的海岛或苍茫的海边,他们以吃苦耐劳和坚韧不拔的精神,将苦涩的海水制成甲乎天下的淮盐。在很长一段时期里,盐赋在国家赋税中占了"半壁江山",而南通的盐赋又占全国盐赋的三分之一。

古运河夕照

可以说，作为盐业运输的通道，通扬运河与通吕运河曾为百姓的安居乐业、天下的长治久安作出了极其重要的贡献。

后来，随着海岸线的东移，昔日的胡逗洲及周边岛屿逐渐幻化成沃畴千里的江海平原，盐业生产从这一地区退出了历史舞台。于是，"两河流域"的老百姓又以敢为人先的精神率先实现了向棉粮生产的转型。在此过程中，通扬运河与通吕运河除了保留下原有的水运功能，更是承担起了灌溉的重任，它们以宽广的胸怀孕育了两岸的土地、哺育了两岸的儿女，使"天下盐仓"成为"天下粮仓""天下棉仓"。

1895年，张謇先生在唐闸创办大生纱厂。他之所以以此作为自己事业的起点，就是因为这里濒临通扬运河，可以让企业的生产设备、原料和产品通畅地进出。后来，张謇又在通扬运河畔办起了一系列企业，并由此向南通其他地区延伸，而通吕运河又恰恰为他向东部的拓展提供了运输的支撑。

通吕运河畔,北城展新颜

张謇信奉"父教育,母实业"的信条,在企业取得效益之后,他又办学校及一切有益于老百姓的社会事业。在那个风雨飘摇的年代,张謇将南通建成了一个"乌托邦"式的模范城市——而这一切都从运河边起步的。

纵观通扬运河与通吕运河的历史,虽然在各个时代它们所展现的风貌和承担的任务不尽相同,但是,它们的精神却是一以贯之的,那就是生生不息、奋斗进取的精神,与时俱进、不断创新的精神,百折不挠、愈挫愈奋的精神。今天,这种精神已经融入了港闸人的血脉,成为这座城市现代化进程中不竭的动力。

徜徉在运河边,流淌千年的河水依然不舍昼夜,那般从容、那般舒缓,它用柔美的清波无声地诠释着"上善若水"的内涵。它见证过两岸民众的筚路蓝缕,也见证了这座城市今日的辉煌灿烂。

它从远古走来,它向未来走去……

017

通扬运河岸，名镇显风采

通扬运河:
两千年凿出财富之路

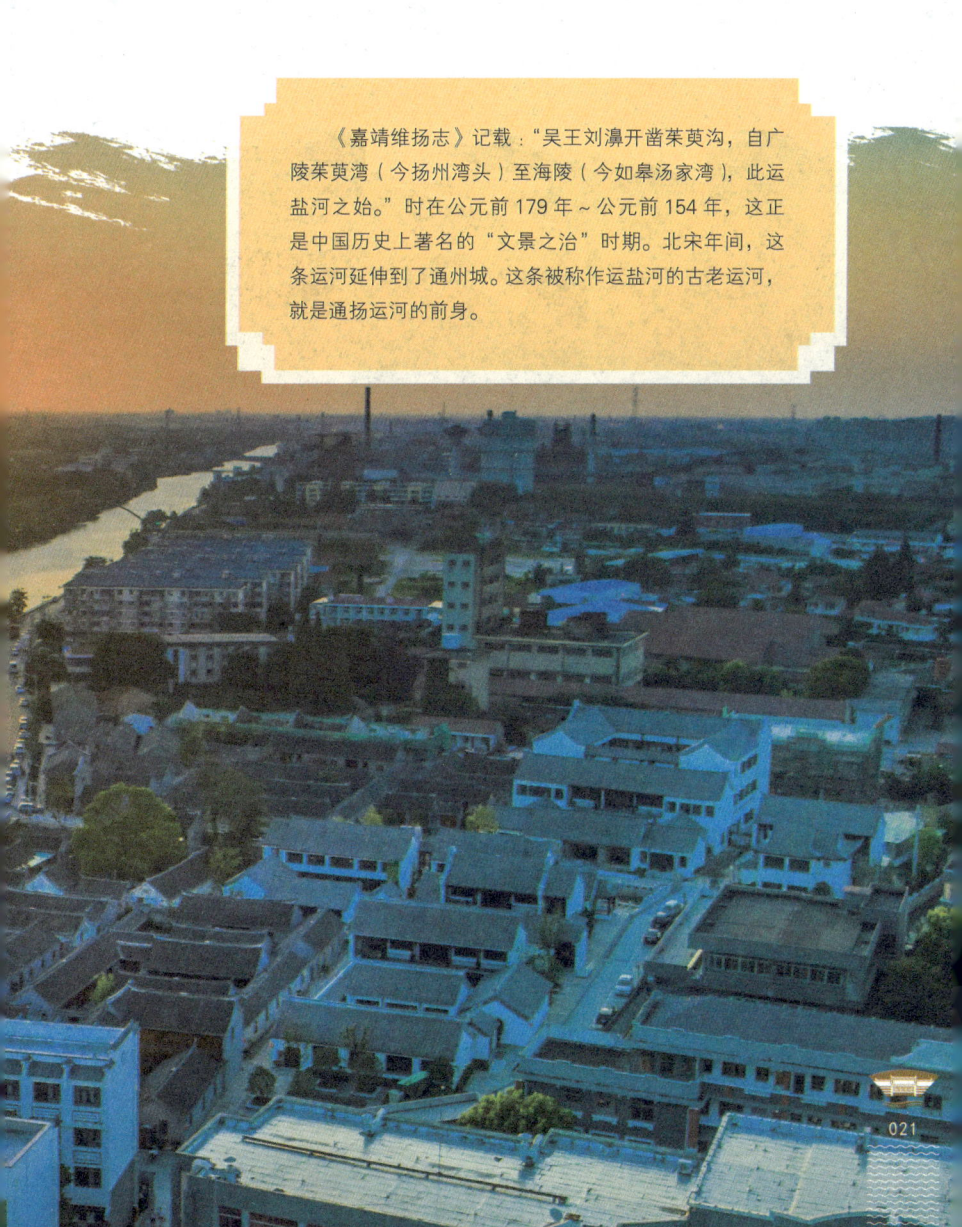

《嘉靖维扬志》记载:"吴王刘濞开凿茱萸沟,自广陵茱萸湾(今扬州湾头)至海陵(今如皋汤家湾),此运盐河之始。"时在公元前179年~公元前154年,这正是中国历史上著名的"文景之治"时期。北宋年间,这条运河延伸到了通州城。这条被称作运盐河的古老运河,就是通扬运河的前身。

运盐河的开凿,是南通历史上值得铭记的一个开端。

时光如果可以倒流,那么,让我们把关注的目光投向2000多年前的江海大地。那时,南通还正走在漫长的由海成陆的路上,许多地方还是星罗棋布般散落在茫茫大海中的岛屿。刘濞为什么要耗费大量的人力物力,开凿这样一条运河呢?

古代南通各个地区在聚沙成岛、并岛成洲、连洲成陆的过程中,生成了广阔的滩涂、繁茂的草荡,这为开发草煎食盐提供了得天独厚的条件。

在工商业尚不发达的农业社会,盐业收入是历朝统治者最重要的财税来源之一。作为后来"七国之乱"的带头大哥,刘濞深知,要扩张割据势力,并进而图谋帝位,增强封国的经济实力是必须的,而大力发展盐业显然是一条捷径。位于今天南通境内的如皋正是当时重要的海盐产地,此地所产海盐为"淮盐",有"淮盐千年甲天下"之说。自唐朝开始,这里的盐又被叫作"吴盐",李白曾以"吴盐如花皎白雪"的诗句来盛赞其品质之优。

正是为了攫取盐税这一重大财源,刘濞才在他的王城广陵(即今天的扬州)与南通之间开凿了这条中国最早的运盐河。

在刘濞身后,随着南通盐场的不断东移,这条运盐河又向东南方向持续开凿。据清光绪《通州直隶州志》记载,此时的运盐河已能直达通州濠河,全长400余里。至1909年,随着盐业的衰败,"运盐河"名不副实,遂以该河起讫地点为名,改称"通扬

通扬运河穿越唐闸老镇

运河"。至此,作为淮盐输出的总动脉,这条运河已经存在了2000多年。

如果说,当年刘濞开凿通扬运河是为了战备的需要,那么,在后来的许多年里它却为经济的发展和政治的稳定作出了巨大贡献。

通扬运河一头连着淮盐的产地,一头则连着两淮盐业的集散地。正是由于盐业的兴盛,带动、促进了扬州城市的发展,以至于在1000多年前的唐朝它成了当时中国仅次于长安的国际大都市,大概相当于今天上海的地位。在唐代诗人眼里"天下三分明月夜,二分无赖是扬州",在当时驴友心中"烟花三月下扬州"是最风雅的事情,而土豪们则干脆就任性地"腰缠十万贯,骑鹤下扬州"。

"扬州繁华以盐盛",这是历史的真实概括,从唐至清,扬州一直是一个繁华的城市。虽然自宋代之后江南地区迅速崛起,但是,扬州并没有因此而衰落,直到康乾时期,扬州盐商还在历史上留下了浓墨重彩的一笔。不只是扬州,就是通扬运河流经的泰州,也曾因为有这条河,以及这条河上来往的运盐船而得以昌盛。元朝时来过中国的意大利旅行家马可·波罗曾赞叹,这是一座"幸福之城"。

往事越千年,便是天上人间。岁月的巨手安排着世事的莫测变幻,谁曾涉水而来,谁又飘然而去?今天,通扬运河作为运盐河的功能早已消逝在历史的尘埃里,然而,翻看那细细微微的岁月章回,我们似乎依然还能够想象当年这条河上曾经的舟船穿梭、帆影点点。

通吕运河,连缀古镇一串串

长长的拖船沿运河而过,如今已成难觅的一道景观

与今天的铁路、公路不同,在漫长的中国历史中,河道是最主要的交通设施。尤其是淮河以南的"南中国",用以运输货物的主要工具是舟船——所谓"南船北马"也。作为中国2000多年间重要盐产地的南通更是依赖于水路,因为食盐是大宗商品,水运可以节省大量的劳力和运费。

正是基于这样的认识,南宋咸淳五年(1269年),驻守扬州的两淮制置使李庭芝组织民力开凿了由通州(今南通市区)入金沙场、余庆场的运盐河,河工总长40里,其目的就是为了"以省车运",即节省这两个盐场从陆路运输食盐的力资。

这是我们能够从史籍中找到的关于今天通吕运河的最早记载。

　　此后,经过多年的开凿,至明代中叶,南通境内南部各盐场均有水道接入通州的城河(今濠河)。各地的食盐汇集此地后经由运盐河(今通扬运河)北上西进到扬州,再由真州(今仪征)出江,然后销往长江中下游各省的府、州、县。

　　明隆庆二年(1568),一场飓风和海啸使南通通往余西、余中两场的河道坍入江中,于是,盐商们以旧运盐河迂回绕远为由,建议开凿石港至丁堰的新河。经巡盐御史批准,动用上万两白银,令各盐场开凿新河。因为这条河串连起了通属各盐场,故取名"串场河"。串场河的开凿,避免了原先绕道通州城的远程运输,缩短了至扬州的运盐路途。

　　1958年,在大规模兴修水利过程中,政府新开了从金沙通向节制闸的河段。自此,古老的串场河被裁弯取直,西由节制闸出江,东由吕四港入海,取首尾两地名称,叫作"通吕运河"。与此同时,自丁堰向东至掘港经兵房入海的运河,也不再称作串场河,而改名为"如泰运河"。

　　如果把东西横向贯通江海平原的通吕运河比作是中国版图上的陇海线的话,那么,贯穿南北的通扬运河就是京广线了。在很长一段时间里,这两条水路大动脉串联起了南通境内大大小小的河流,形成如同人体经络的密集河网,从而使"通州"之名实至名归。

　　古代南通地区境内曾经长期存在过的盐场有10多处,那么,自西汉到清末,经由这两条运河输出的食盐究竟数量几何呢?对此,史籍上没有记载,但是,据最保守的估计,若平均每年仅以5000吨计算,总数也在1000万吨以上。旧志有云,盐课占国家赋税之半,而南通的盐赋又占了天下盐赋的三分之一。想想看,在那些漫长的岁月过往里,这两条缓缓流淌的河流为国家作出了多大的贡献。

值得一提的是，巨量食盐的运输和交易，带来了"三百六十行"同时并举的商机：盐政官府需要办公场所和衙役，大量外地盐商及其代理大需要衣食住行，大宗盐货贸易还需要数量巨大的劳动力。于是，在"万斛之舟行若风"的运河两岸，那些如珍珠般散落的古镇呈现出一派百业兴旺、朝气蓬勃的繁荣景象，餐饮业、旅馆业、百货业、钱庄业、典当业、搬运业等等"一荣俱荣"地发展起来了。

这里还有个有趣的插曲，因为当年新开凿的串场河让南部各盐场的外销盐船不再绕道通州城，从而影响了许多服务于盐运业的人的生意和生计，因此当时还引起

了一场抗议。只是在政府的坚持下,这场风波才逐渐平息。

粉墙黛瓦,经历了多少回的花开花落;舞榭歌台,又见证了多少次的人来人往。今天,运河岸边那些曾经的古镇早已容颜改变,幻化出新的别样风采。

这就像漫步在位于港闸区境内的通吕运河绿廊间,虽不见当年千帆竞过、百舸争流的场面,但是,这里有绿树成荫,这里有芳草萋萋,明媚的阳光、清新的空气在每一个角落里流淌,有鸟儿从林梢一掠而过。此时,那种"楼外重杨千万缕,犹自风前飘柳絮"的意境与古人是相通的。

魅力运河夜

永兴场：
风水宝地深藏功与名

由于濒临大海的缘故，南通先民最早从事的生产活动是"煮海为盐"。据《两淮盐运志》记载，公元前195年，汉高祖刘邦的侄子吴王刘濞就招募无家可归的流民在潘溪（今如皋城东汤家湾一带）煮盐，这是两淮和江浙地区盐业的开始。这样的局面大概持续了700多年，后来，随着南通海岸线的逐步东移，如皋盐场不复存在。

从西汉初年至清朝末年，南通的盐业生产一直未曾中断，到宋代时一度出现了吕四、余东、金沙、西亭、掘港等12个盐场。那么，在如皋场消逝之后，是谁承继了南通的这一重要支柱产业呢？

1971年出土的《唐东海徐夫人墓志铭》为我们破解了这个千古之谜——它就是位于今天港闸区陈桥街道河口村的永兴场，这个盐场当仁不让地位列唐以后南通各古盐场之首。这方墓志的志文准确记载了永兴盐场的地理位置，盐场境内的村落和店铺名称，还有用于盐运的新老河道的方位。墓志还特别描述了永兴盐场所产食盐堆积如山岳耸峙，以及古津渡上运输船舶穿梭如织的壮观景象。

五代时永兴场河口一带还处于沿海临江，地方经济以煮海积盐生产为主。"司煮海积盐，醯峙山岳"的场景可借助历史照片得以再现。图为20世纪初苏北盐场历史镜头。

又是多少年过去,随着大海东去、长江南移,到南宋时期,永兴场作为盐场的设置已不复存在。但是,流经此地的运盐河(今通扬运河)航运却不见萎缩,反而日趋兴旺繁忙。因为自通州建城(958年)之后,古运盐河向东南沿海和州境的西北方向不断开凿延伸,到北宋时与连通扬州的古运河在白蒲相接。至此,南通海边满载着白花花食盐的运盐船队便可以从这里向西经过白蒲,北上直驱扬州府了。

再来说说那位墓主人吧。

这位徐夫人出生在东海郡(今连云港)一个豪门家族,祖上俱为唐王朝的命官,15岁便嫁给了统治南通长达半个多世纪的姚氏家族的第三代继承人姚彦洪。此后,她协助丈夫管理政务和300多人的大家族,膝下有五子、六女,这样的辛劳致使她于38岁便香消玉殒。

徐夫人墓志铭出土的地点距离永兴场的运盐河仅200步之遥,那么,作为掌控南通的地方最高长官,她的丈夫为什么会把妻子安葬在远离州治的乡村呢?原来,那时候,南通的许多地方才刚刚与陆地接壤,而位于西北方向的这片土地是率先成陆的冲积平原,其地势远高于别处。古人的葬制是以水边的高地为风水宝地,是谓"皇天厚土",因此,选择此地正合宜也,诚如墓志铭所云:"惊埋玉而地厚,将刻石兮天长"。

令人惊讶的是,近年来的考古发现,在徐夫人故去800年后,先后长眠于这方盈尺之地的还有"扬州八怪"之一的李方膺、雍正年间高中探花的马宏琦,以及乾隆年间的状元胡长龄——有清一代,他们或以在艺术上的倔强放纵、不拘陈法闻名于世,或以官场上的清正廉明、刚直不阿名垂青史,巧合的是,他们都选择了永兴场作为自己人生的最终归宿,这足见这方宝地在南通人心目中的分量了。

青山埋忠骨,几度夕阳红。转眼间,多少寒暑过去,永兴场又不知经历了多少回的秋月春风,然而,昔日的桃花依旧灼灼其华;而它身旁的那条古运盐河的层层波浪也见证了多少回的是非成败、人间离合,但那依依杨柳仍然在风中摇曳,婀娜多姿、风情万种。

十八里河口：千年背影，无尽乡愁

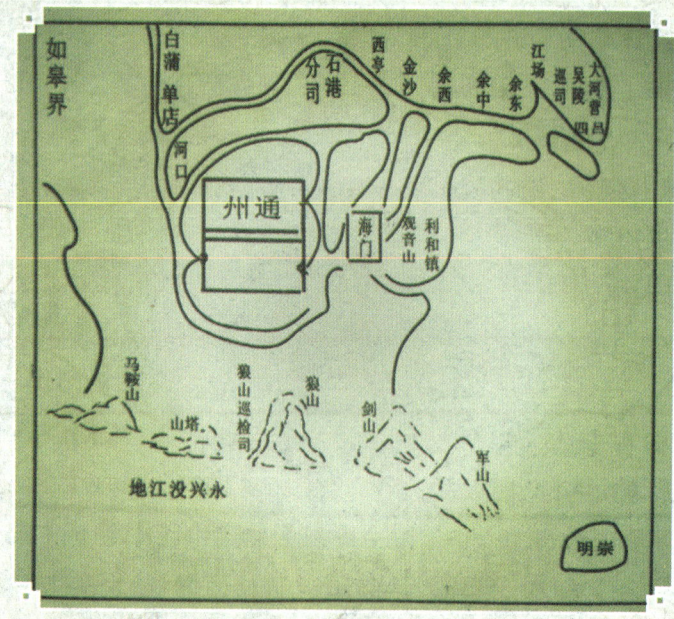

清乾隆《通州志》中的通州四境图,十八里河口地处江河枢纽要冲,为通扬运河吴盐上输与漕运的咽喉口岸。

  自吴王刘濞开凿茱萸沟始,至上官运盐河(今通扬运河)贯通南通全境,其间经历了大约1000年时间。在这段漫长岁月里,南通的盐业运输依靠的是那些更为古老的运河——永兴场运盐河便是其中最著名的一条,它也是现有可以查阅的文献中最早出现的南通海盐外输的运河名称。

  这条运河的源头在当时永兴盐场的北边,在上官运盐河尚未开浚到南通境内的时候,它肩负着沟通外江内河运输的功能,是南通境内食盐外运的枢纽。

  永兴场运盐河位于今天港闸区陈桥街道辖区内,现在的名字叫作"刘陈河"。后来,它与蜿蜒至此的通扬运河形成交汇,交汇处那方土地形似虎口,因而得名为"河口"——如今它是陈桥街道的一个村。由于河口处在东西航道与南北枢纽的交汇点上,在很长一段时间内,它都是南通盐业外运的重要集散地。

  河口与南通的州城相距18里水路,因此,当地老百姓习惯称它为"十八里河口"。关于这个名称,在民间还有一个流传颇广的轶事,说是抗战期间,日寇准备进犯河口,可是,从当地人口中得知那里叫作"十八里河口"时,便决定放弃原先的打算,因为他们觉得,以他们的装备,一条18里宽的河是无论如何也攻不过去的。

真实的历史是，1938年5月17日，日军由唐闸沿河口公路折入陈桥镇，搜索我军抗战部队，入镇之时双方发生激战。在此期间，中国部队得到了民众的支持。

随着长江泥沙的不断冲刷，南通的海岸线不断东移，到南宋时期，河口一带已经失去了盐业生产的物质基础。但是，因为运河的存在，它的盐运功能一直持续到清末。

永兴盐场的历史谢幕，使得当地老百姓开始了产业的"转型升级"。得益于五代时期姚氏政权在此奉行"安民庶，务耕桑"的劝农政策，以及奖励耕织的先导，十八里河口迅速进入了新兴的粮棉耕织时代，史料记载这里是南通地区最早种植棉花的地方——在南通地方经济的800年大变局中，永兴场运盐河畔的先民们走在了时代的最前列。

到清朝末期，十八里河口及周边一带的民间纺织业已十分繁荣，"纺纱鸣机杼，百里声相闻"是对乡间这一状况的准确再现。

大约是同治年间，17岁的程世煌为躲避太平天国兵灾，挑着一副箩筐从江西婺源逃到了陈桥镇。当时，正为生计犯愁的程世煌看到这里家家户户几乎都从事织布的营生，便觉得染布应该是桩不错的生意。于是，程泰和染坊应运而生。

后来，程家染坊的第二代传人程煜文结合本地染料、布匹的特征，对技术进行改良，使得染出的蓝印花布色泽鲜艳、永不褪变。程家染坊的生意也因此越做越大，在周边许多地方都开出了分号。据陈桥镇上的老人们回忆，有很长一段时间，程家染坊的晾布架子就高高地竖在镇中心十字街头，那些在风中猎猎飘扬的蓼蓝花布就像一道美丽的风景。

由于对蓝印花布染织技艺的贡献，直到今天，程家染坊的相关史料还陈列在南通蓝印花布艺术馆内。

伴随运河时代的渐行渐远，十八里河口正在逐渐淡出人们的视野。然而，因为远离城市的喧嚣，那河岸边的风光还是那般旖旎，那静静流淌的河水也依旧不舍昼夜。

我们不该忘记这里曾有的繁华与热闹，更不该忘记这片土地上先民们的坚韧不拔、自强不息。作为濠河、通扬运河、通吕运河的古老源头，十八里河口的古盐运河是我们这座城市当之无愧的母亲河，也是历史留在这片古老土地上的千年背影与无尽乡愁……

十八里河口的古渡

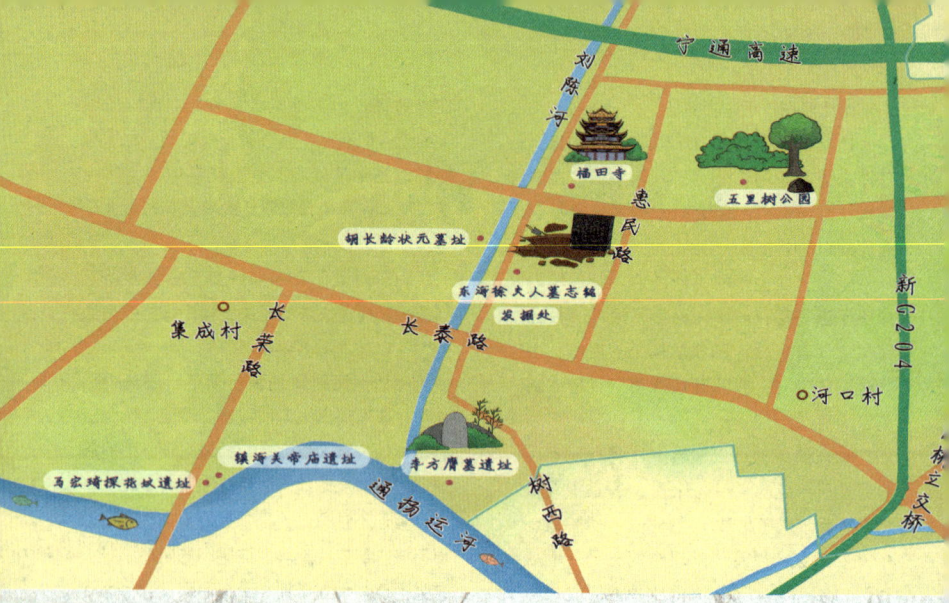

陈桥五代石碑：隐藏着一段历史密码

"南通，建城于后周显德五年（公元958年）。"翻开任何一本介绍我们这座城市的书籍，开篇几乎都是这样的表述。然而，在此之前南通是个什么模样？它是如何发端的？在很长一段时间内，这些问题都鲜有人能够讲述清楚。

事实的确如此，南通千年成陆历史，宋前无确凿史料可考，再之前的唐代人文古迹更是无从寻觅。南通存世最早的地下文物，是1973年出土的一只晚唐至五代时期的越窑青瓷皮囊壶。现存狼山北麓的摩岩石刻，被公认为南通最早的有文字的古迹。可惜这一硕果仅存的五代遗存，原文剥蚀不全，经专家考定补缺也只有区区26字，全文为：

天祚三年囗月十四日东洲静海都镇谒使姚存上西都朝觐迎到此

这段文字记载的是一位名叫姚存的地方官员于公元937年赴西都（南京）朝觐皇帝，于返程途中经过狼山的一段历史。至于姚氏其人其事，历代史籍与地方史志略有零星记录，但着墨极简，对其统治和开发南通经济社会的具体史实也语焉不详。

直到1971年秋冬之交，在原南通县陈桥公社第九大队第九生产队一条河中出土了一方五代时期南唐的墓志，困扰人们多年的关于南通的许多千古之谜才得以破解。

这方墓志的主人是当时南通的实际统治者姚彦洪的夫人徐氏，这位姚彦洪就是姚存的孙子。

五代是处在唐宋两个统一王朝之间的一个短暂分裂时期，自公元907年唐朝灭亡起，至公元960年赵匡胤建立宋朝止。由于存续时间短，加上战乱频仍、经济萧条、地方割据，这一时期留存下来的人文古迹稀少，碑刻墓志也十分鲜见。因此，这方《唐东海徐夫人墓志铭》的出土愈加显得珍贵，该墓志入藏南京博物院后即被定为国家一级文物。

那么，这方墓志究竟为我们破解了哪些谜团呢？

墓志铭的作者是当时担任义丰屯田都院判官的朱延，他在志文中描述，那时候，位于今天港闸区境内的永兴盐场"司煮海积盐，鹾（盐的别名）峙山岳"。由此我们可以想见，当年永兴场运盐河畔盐包堆积如山的场面，这足以证明南通盐业生产规模之大。志文还说姚氏政权负有"专漕运，副上贡"的世之绩业——仅此聊聊6字，便有力地证明了南通早在北宋嘉祐年间运盐河（今通扬运河）主航道全线疏浚贯通之前，就已经肩负着南盐北输的重要使命和漕运功能，这又修正了以往史籍的相关记载。

志文还提示人们，当时今天港闸区的西北地带已经有了村落的形态，盐民们在此聚居，加之运河口岸川流不息的商旅，这里已经出现了市嚣鼎沸的商业繁荣。

更为重要的是，墓志铭叙述了姚氏家族统治东洲（今通州和海门部分地区）、静海（今南通市区和港闸区部分地区）的历史，其时间涵盖了南通建城前半个多世纪的光阴。正是姚氏家族半个世纪的文治武功，东陲江域沙岛得以苟安于乱世，从此拥有了军队和吏治，有了兴盛的盐业生产，有了农桑活动的起步，有了一座城市社会雏形的形成。

徐夫人死后不久，周世宗柴荣于显德三年（公元956年）亲率大军出征南唐，迫使姚氏家族弃走江南。显德五年，后周军先后攻占静海、东洲。至此，这一区域并入了后周版图，并设通州府于静海——这就是"南通，建城于后周显德五年（公元958年）"的由来。

从下葬到出土，徐夫人的墓志铭在地下埋藏了千年。在这千年的岁月里，这位15岁嫁到他乡、38岁便辞世的东海郡（今连云港）豪门望族的千金小姐，经历过怎样漫长的孤独与寂寥啊。

"春花秋月何时了？往事知多少。小楼昨夜又东风，故国不堪回首月明中。"也许，与徐夫人同时代的著名词人这阕哀歌正是她内心的独白吧……

Tips 陈桥五代墓志石碑，是南通现存最早、最重大的地方史料和考古发现。它可以称作是南通可考的第一部历史文献、第一部文学作品、第一部美术作品、第一部书法作品、第一部石刻艺术品，在研究南通城市肇始方面，其价值和意义更是无与伦比。

　　漫步在港闸区秦灶街道辖区内的通吕运河北岸,你便仿佛置身于一片诗意的栖居地了。掩映在树丛和竹林间的建筑或以钢结构、大玻璃营造着后工业时代的风采,或以木屋长廊、水榭亭台勾勒出田园诗般的古典意蕴,而林荫道畔鳞次栉比的住宅楼则向人们展露着人间烟火的蓬勃气息。

　　面对这样的场景,你能想象,在1000多年前,如今的这方沃土竟然是茫茫沧海边的一片荒滩吗?

　　早在南北朝时期,我们脚下的这块土地还是海里的沙洲,这块沙洲《梁书》上称"壶豆洲",《南史》记作"胡豆洲",唐代称为"胡逗洲"。沙洲阶段的胡逗洲大体相当于今天的南通市区、港闸区和通州区西部一带。沙洲四边环水,洲上水泊、河道交织。南通在漫长的成陆过程中曾经有过4次大的演变,胡逗洲与大陆的接壤是其中的第2次,时间大约在唐朝末年至五代时期。

　　由于今天的秦灶一带处在胡逗洲的东部地区,因此,在与大陆相连接之后,它依然处在靠近海岸线的地方。那时,这里的居民所从事的主要生产活动是"煮海为

秦灶盐迹：这里垒起江海第一灶

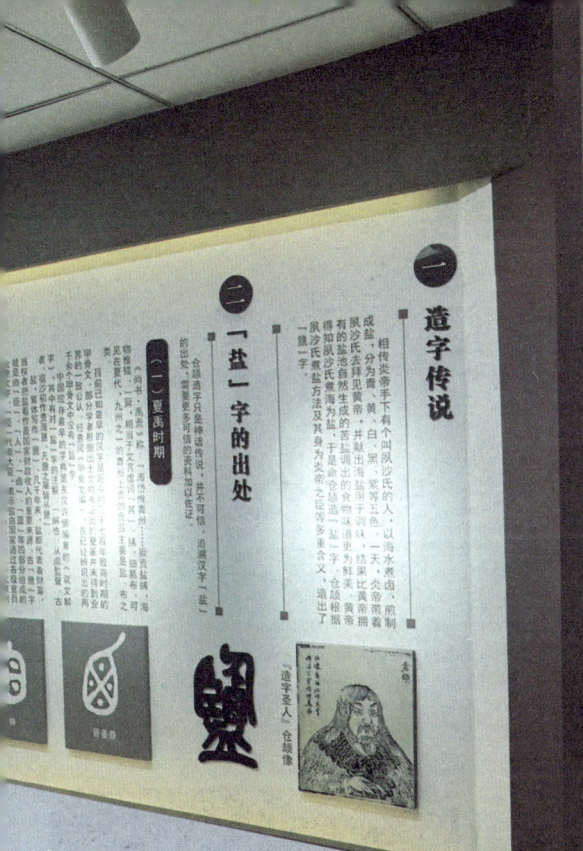

盐"。煮盐的过程大致是这样的：用草料浸润海水制成卤水，过滤后成为盐卤，再把盐卤浇在盘铁上，盘铁下边砌灶燃薪，水分蒸发后留下的便是海盐。

相传，秦灶的地名就是因为唐末有一秦姓先民在此垒灶煮盐而来，据说他还有后人生活在今天秦灶街道一个叫胡家园的地方。

秦灶盐文化馆场景

传说终归是传说，其实，"灶"是当时盐业生产中的一种组织形式。大约从五代之初开始，南通的盐业生产便有了严密的管理。生产过程中最高一级的编制机构为"场"，相当于现在的乡镇；往下一级为"总"，类似于村一级组织；再往下一级为"甲"，类似于村民小组。"灶"原是煮盐的设备，后来演变成基层组织的名字，级别低于现今村以下的组。按照地域范围推测，当时的秦灶当属于永兴场管辖，是南通地区最古老的盐灶之一。

从南通本地现存地名看，秦灶以西没有叫"灶"的地名，秦灶往东，则有姜灶、袁灶、唐洪灶、东灶等一系列"灶"。这是因为数千年来，随着海岸线不断东移，在新涨出的海边沙地上出现新的盐灶，而秦灶以西无灶名，称其"江海第一灶"名副其实。在这个当年煮海烧盐的"第一灶"点位上，如今的秦灶街道创建了南通第一座盐文化馆，成为传承盐文化精神的一个好去处。

作为两淮盐场最重要的海盐产地，南通当年的盐业生产规模非常之大——"烟火三百里，灶煎满天星"便是真实的写照。而煮盐又是一桩极其辛劳的营生，有诗这样描述："白头灶户低草房，六月煎盐烈火旁。走出门前炎日里，偷闲一刻是乘凉。"想想看，赤日炎炎的盛夏，在煮盐的间隙走到太阳下就当是乘凉了，这是怎样的一种艰苦啊？今天，"坚韧不拔、开拓创新、迎难而上、勇争一流"的秦灶精神，不正是先民们这种吃苦耐劳精神的传承与光大吗？

沧海桑田，哪管万家忧乐；松风水月，却常留四季清华。

随着岁月的流逝，南通作为盐业生产基地的功能早已消失，当年的场、总、甲、灶只是成了留在地名里的永恒记忆。不过，请记住这些地名吧，因为这些地名是先民为我们这座城市涂抹上的最初的底色，是一种特定的文化象征，是一种牵动思绪的情怀。在这些地名里隐藏着一段段或长或短的故事，这故事里有开疆拓土的悲壮，有艰难创业的劳苦，也有喜获丰收的快乐。

Tips 秦灶盐文化馆是南通第一座盐文化博物馆，位于市北文体中心（港闸区新时代文明实践中心）7楼。总体布局共分为五个篇章："从盐字的演变过程看中国的盐文化""南通盐业发展史""历代盐场分布图""盐与秦灶"和"盐与艺术"。不收门票。

渡娘：
运河上消失的风景

　　港闸境内水网密布、河流纵横，在过去很长一段时间里，因为没有发达的交通工具，也没有那么多的桥梁，所以，摆渡便成了老一辈港闸人过河的主要途径。

　　一声吆喝，船便来了。如果碰巧撑船的是一位渡娘，那对于客人们来说，便是河上一道别样而光鲜的风景。家住港闸区陈桥街道集成村的曹洁玉就曾经是这样的一道风景。

　　俗话说，旧社会三般苦，行船打铁磨豆腐。但是，作为一桩维持生计的营生，集成村的宋家四代人却都是"行船的"。自打嫁进宋家后，身为大儿媳的曹洁玉便从婆婆手中接过了竹篙，继承了老一辈留下的渡船——从新媳妇到老妇人，她一撑就是几十年。

　　那时候，唐闸镇上的国棉一厂、复兴面粉厂、油脂厂、醋酸厂、液压件厂、碳素厂、纺机厂、棉机厂、油酒厂等10多家工厂的工人，每天都是坐宋家的渡船上下班的，一船可以拉20个人和20辆自行车，从来没有出过豁子。

当年大生纱厂前运盐河

国棉一厂实行的是"三班倒",最早一班工人是早晨6点上班,最晚一班工人是晚上10点下班。因此,每天凌晨4点钟,曹洁玉就要来到渡口,直到深夜11点才能收工回家——这让她一年四季都睡不了一个安稳觉。

几十年间,不管是刮风还是下雨,只要不是影响船只通行的天气,曹洁玉都会准时准点到岗。冬天开头蒿,她要边破冰边撑船,蒿子下水再立起时上面裹的全是一层冰;夏天撑船几乎时时刻刻都是汗流浃背,而长期泡在水里的双手常常都被浸烂了。

为了方便过往行人,曹洁玉还专门在渡口边上搭起了一个简易的雨棚,免费提供给在此候船的人们遮风避雨。直到今天,这个雨棚依然伫立在通扬运河边,默默见证着岁月的过往。

多年以来,唐闸镇上的工人只要是住在陈桥、九圩港一带,没有不曾坐过宋家的渡船,因此,几乎人人都认识渡娘曹洁玉。在渡口,每天都能遇到各式各样的人,听到各式各样的事。就在这条河上、就在这艘船上,曹洁玉"足不出户"就能知晓村里村外的大事小情。

听集成村的村民说,曹洁玉原本是一位大户人家的小姐,家里开着西亭镇上有名的米行。她也曾上过私塾,还写得一手漂亮的毛笔字。可是,为了撑船,她甚至放弃了到平潮镇当会计的机会。这个性格坚毅的渡娘心中有个信念:渡船是祖上传下来的,再苦再累也要坚持把它撑下去。

如今,随着时代的变迁和交通的改观,昔日的陈桥已成为高铁新城,通扬运河也早已不是不可逾越的天堑,南来北往的人们再也不用为出行而担心,摆渡这种古老的出行方式从人们的视野里悄然淡去了。不过,曹洁玉当年撑船的竹篙还在,它被高搁在房梁上,成为一件铭记岁月痕迹的老物件儿。

2019年6月,曹洁玉与世长辞,享年92岁。从此,通扬运河上再也没有了这位南通最后一个渡娘的身影。噩耗传来,村里的人都感伤不已,不少昔日坐过宋家渡船的工友们也纷纷赶来祭奠。

曾几何时,在那些秋水共长天一色的清晨,在那些落霞与孤鹜齐飞的黄昏,浩浩汤汤的通扬运河上,只有苇叶摇曳的风声和渡娘孤独的身影。半辈子都与渡船相依,半辈子都活在水上的人来人往中,曹洁玉究竟有着怎样的精神世界呢?也许,她在想,人的一生不求大富大贵,专心做好一件事就行,哪怕是日复一日地撑船,也是值得人们称道的。

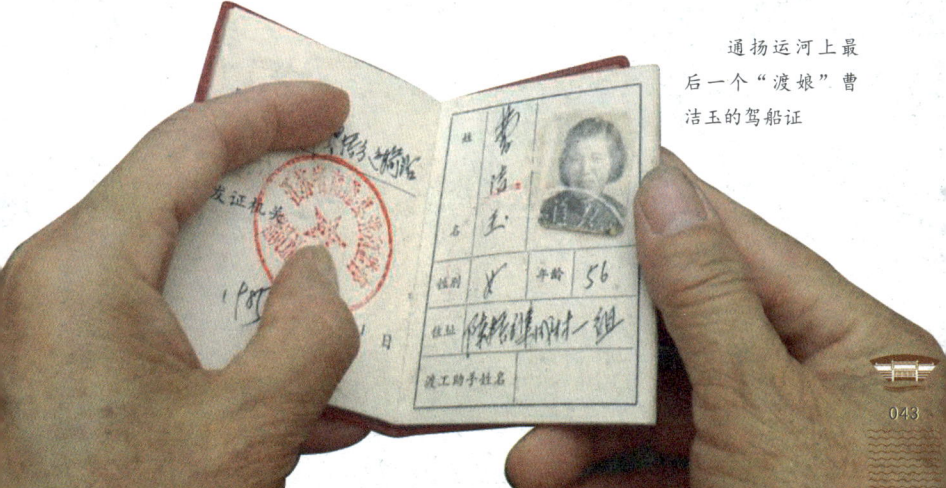

通扬运河上最后一个"渡娘"曹洁玉的驾船证

贰

近代风云
——回眸港闸民族工商业遗存

小镇大厂,
实业强国梦从这里起步

甲午海战的惨败之后,晚清一代的中国知识分子陷入了深深的思考。在经过一番痛苦的挣扎之后,1895年,有三位中国人分别选择了三条不同的救国之路:广东人康有为选择了维新变法,他的同乡孙中山选择了革命推翻,而江苏南通人张謇则选择了投身实业。

那时候,作为世界棉花的重要产地,中国每年都有大量优质棉花源源不断流向海外,再被加工成"洋纱"返销国内。仅此一项,我国每年损失的白银就高达2亿两。张謇认为,棉纺工业是维系国计民生的基础工业,倘若任由事态这样发展下去,日复一日,其结果必然是"利之不保,我民日贫"。于是,1895年10月,这位清末状元毅然弃官从商,开始筹办大生纱厂。

大生纱厂的厂址在今天的港闸区唐闸街道。唐闸,又称"唐家闸",早先是通扬运河边上的乡间野渡,其时地名为"陶朱坝"。明成化年间在此修建水闸,由于附近有一户人家姓唐,因而有了现在的名字。

之所以将人生中的第一家企业选在离城6公里外的唐家闸,是因为张謇看到,南通素以棉产著称,而种植于唐家闸一带的黑籽大陆棉质量尤佳,这为日后的生产提供了优质的原料。很久以来,唐家闸周边农村的许多家庭都以纺纱织布为副业,有着娴熟手艺的农民无疑又是纺织厂理想的产业后备军。更为重要的是,贯穿唐家闸的通扬运河可直通长江,这为企业货品的运输提供了便利。

大生集团内的张謇像

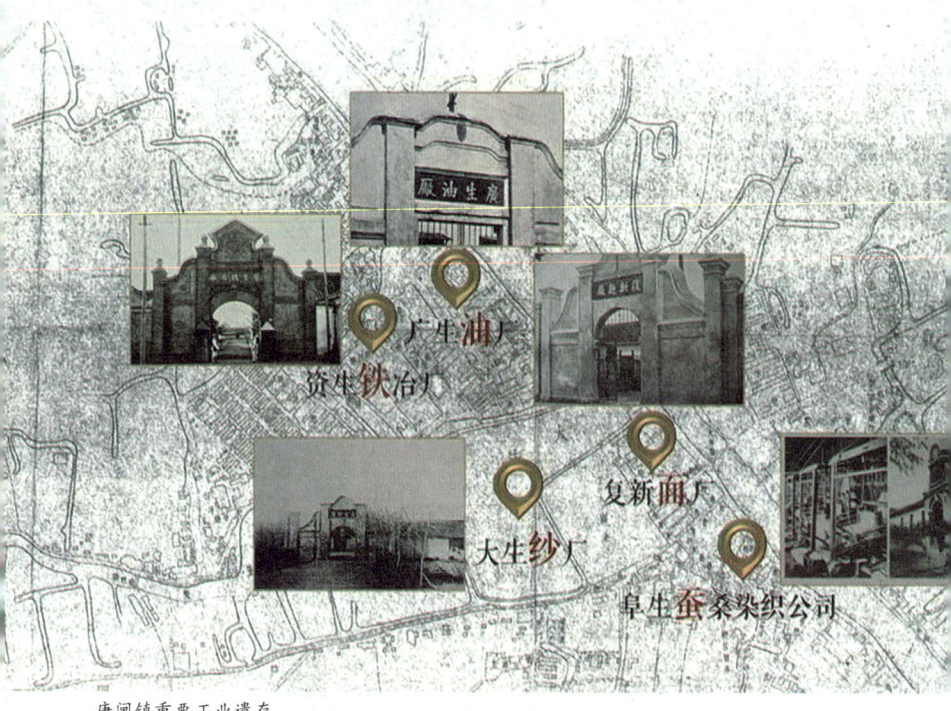

唐闸镇重要工业遗存

1899年5月,在历尽磨难、百折不回之后,大生纱厂终于正式开工,不久便取得了丰厚的盈利。在成功创办大生纱厂的基础上,张謇又建立了与纱厂相配套的一系列企业,并形成了一条从源头到终端的产业链。张謇一生在南通各地创办了40多家企业,其足迹远及上海甚至海外。

经过20年的努力,昔日的蛮荒之地唐家闸成为一座工业重镇。1920年,唐闸的人口已接近5万。一位当时到过唐闸的日本人用"震惊"来表达他所见到的情景,他说,沿河的一条街,车水马龙,络绎不绝,人来人往,摩肩接踵,异常热闹,河边停泊着数百艘民船装卸着货物,一切的一切都是在活动着的,又是现代化的。

唐闸既是近代南通工业的发祥地,又是中国近代职业教育的策源地。

在这里,张謇开设了桑蚕讲习所、镀镍传习所、艺徒预教学校、保姆传习所、纺织染传习所、高级纺织职业班,等等。张謇在唐家闸办教育不求"奇花异草",但求"布帛菽粟",意思是教育要和国计民生、

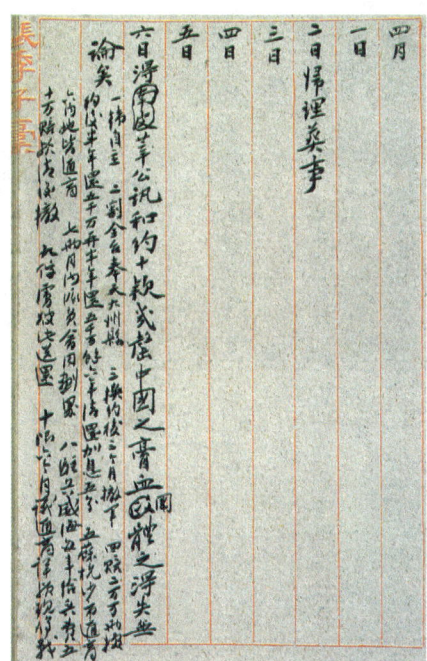

在得知丧权辱国的《马关条约》签订后,张謇在日记中愤然写下"几釐中国之膏血,国体之得失无论矣!"

社会需求结合起来。与此同时,张謇也兴办小学、中学,这让唐闸在新中国成立前就已经形成了包括基础教育、职业教育、成人教育在内的完整的教育体系——这样的规模和格局在全国建制镇中无疑是首屈一指的。

胡适先生曾经这样评价张謇,"他独立开辟了无数新路,做了三十年的开路先锋,养活了几百万人,造福于一方,而影响及于全国"。这样的评价是中肯的,张謇就是凭着一己之力,为我国近代民族工业和教育事业作出了重要贡献。上世纪五十年代,在接见民主党派人士时,毛泽东曾经说过这样一番话,提起中国近代民族工业不应该忘记4个人,其中,轻纺工业不应该忘记南通的张謇。

在那个风雨飘摇的苍茫末世,张謇将南通建成了一个"乌托邦"式的模范城市,这一切都是从唐闸起步的。在那个积贫积弱的黑暗时代,张謇以大无畏的精神为救国图强开出了一条现实路径,这一切也都是从唐家闸起步的。

大生纱厂：
中国近代第一城的基石

1894年，张謇高中状元，这一年他42岁。自15岁考取秀才，在科举这条路上，他已经跌跌撞撞地走过了26个年头，个中滋味与艰辛酸楚只有他自己最清楚。所以，从他留下的日记中可以看出，那天，他的内心五味杂陈，并没有特别的兴奋。

而且，不幸的是，就在喜讯传到家乡海门常乐镇不久，父亲便撒手人寰。于是，张謇从天津乘海轮南下奔丧。按当时的规矩，他必须要在家守孝三年，是为"丁忧"。

那一年，中国刚刚在甲午海战中惨败给日本——这对于朝野上下的震动是巨大的。因为在鸦片战争之后，中国的有识之士认为，中国之败败在工业的落后，因此，此后三四十年间洋务运动蓬勃兴起，以至于后来大清北洋水师的硬件实力位居亚洲第一。但是，这并没有能够摆脱中日之争中全军覆没的命运，让当时的中国人彻底陷入了迷茫。

然而，张謇依然倔强地认为，"富民强国之本实在于工"——这在他丁忧期间为两江总督张之洞起草的《条陈立国自强疏》中表现得十分强烈。正是因为这个原因，随后调任湖广总督的张之洞授意张謇在南通筹办企业。"状元办厂"当时是个新鲜事，清代，除了张謇，只有苏州状元陆润庠办过苏纶纱厂和苏纶丝厂。

一开始，张謇内心是有过犹豫的，因

上世纪初的唐闸工业区全貌

为对他来说,办厂毕竟是个完全陌生的领域。他起自农家,苦读成名,虽有过在淮军名将吴长庆手下充当幕僚的十年生涯,却终究只是一介寒士,一个没有从商经验的书生。不过,思前想后,张謇最终还是答应了张之洞。张謇说服自己的一个理由就是,要让世人看看,书生不仅仅只会空谈,更能做一番大事业。于是,他以"舍身饲虎"的勇气,辞去翰林院编修的职务而专事实业。

张謇创办的第一个企业是大生纱厂,其名源自《易经》"天地之大德曰生"。

从1895年10月筹办,到1899年5月投产,在大生纱厂的创办过程中,张謇可谓殚精竭虑、筚路蓝缕。最初,张謇和沪上及本地的6个董事商定,办一个两万锭规模的纱厂,股本60万两白银,向社会募集,结果应者寥寥。1896年12月6日,江宁商务局与大生纱厂签订《官商合办条约》,将南洋纺织局的4.07万锭纱锭加全套锅炉、引擎,折价官股50万两投资大生。这只是一批积压已久的机器,大生要另外筹集50万两商股建厂房、收原料及作为营运资本。1897年,大生向社会招股,可是进展仍然不顺利,有时凑不到一股(100两),连半股也收,最小的一笔仅37两。

在此过程中,盛宣怀曾经承诺帮助筹集资金,但最终连一文钱也没有到位,张謇写了无数告急之书,几乎字字血泪。为此,张謇一直不能原谅盛宣怀的言而无信。

所幸的是,大生纱厂最终取得了巨大成功,创办不久便盈利颇丰。那时候,作为市场上最抢手的股票之一,上海的报纸天天刊登它的股市行情。

大生厂区一景

张謇自号"啬翁",确实,他赚到的钱没有用于个人享乐,而是投入扩大再生产——以大生纱厂为基石,张謇一生中创办了40多家企业,遍布南通各地,影响波及海外。张謇信奉的是"父教育,母实业"的信条,他一生还创办了370多所学校,从大学、中学、小学到幼儿园,从普通学校到职业学校,从健全人的学校到盲哑儿童学校。张謇还热心于公益事业,他兴水利、修公路、架桥梁;创办育婴堂、养老院;建医院、办博物馆、图书馆。

因为张謇的功绩,南通赢得了"中国近代第一城"的美名,而这一切都是从他创办大生纱厂开始的。

新中国成立后,大生纱厂更名为国营南通第一棉纺织厂,作为江苏省重点骨干企业,它为地方经济和国家创造了巨大的财富。如今,它又有了一个新的名字"江苏大生集团"——作为一家国有控股的纺织企业,历经120多年的风雨沧桑,它已成为国内连续生产时间最长的企业。

在革命战争年代,大生纱厂也有过光荣的历史。南通地区第一个党支部便成立于此,时在1926年4月。首任书记邱会培是江西兴国人,他中学毕业后考取南通纺织专门学校,毕业后入大生纱厂担任职员。回到江西后,1929年4月,在一次传达党的"六大"精神的群众大会上,他还见到了毛泽东。

今天,大生集团内张謇建造的厂房还在,洋式的公事厅、专家楼还在,那高耸的钟楼也还在,走近它们,就犹如打开了一段尘封的历史,一页页,一篇篇,它们记载着先贤披荆斩棘的勇气、客来货往的繁盛、功成名就的荣耀,也记载着壮志难酬的孤独……

大生集团内,现代化车间与百年以上老厂房交相辉映

天生港：
南通接轨上海的第一座里程碑

在很长一段时期，长江南通段的港口都是处于一种"纯天然"状态。由于没有可以停靠的码头，抵达这里的轮船只能泊于江心，船上的乘客和货物由木驳船再行转运。这样做不仅效率低下，而且极不安全，严重影响了运输业的发展。

随着以大生纱厂为中心的唐闸工业区雏形的逐步出现，张謇意识到，企业要经营发展壮大，必须有便捷的交通物流作为保证，以满足所需的机器设备和生产原料能够及时运入，产品能够及时运出。于是，建造港口的设想被提上了议事日程。

那么，港址选在哪里呢？为此，张謇费尽了心思。他从狼山脚下登舟溯江而

欣欣向荣的天生港,放眼望去,通沪长江大桥飞架南北

上,先后考察了姚港、任港、芦泾港,最后抵达天生港。他同水利专家们一起对沿江各港口的情况进行了认真调研、仔细比选,最终,大家达成共识,天生港作为长江边的一个天然港湾,既能进潮,又能排涝,还好行船,港口水深流稳,航道宽阔不淤,而且离唐闸距离最近,确为最佳建港地址。

在给两江总督周馥的开埠申请中,张謇还指出了选择天生港的另一个重要原因:"天生港由江口至内河道仅十余里,其东至海门,西至靖江、如皋、泰兴、泰州,北至东台、兴化、盐城,凡八州县,一水可通,而天生港适为枢纽之地"。

上世纪初的天生港海关和仓库

当年的天生港码头栈桥

张謇先生曾说："办一县事，要有一省之眼光；办一省事，要有一国之眼光；办一国事，要有世界之眼光。"对天生港的规划，的确就是张謇一个具有区域广度的战略安排。

1904年，在克服重重困难后，天生港的三座石驳码头终于建成，分别称为东码头（通靖）、中码头（通源）和西码头，其中东、中两座码头上建有木质栈桥，并配有趸船等附属设施，可停靠1000吨级轮船。建造天生港的费用，除600米长的块石护岸和三座码头由政府出资外，其余购置趸船、建造栈桥、岸上仓库等设施所费10.5万两白银均由张謇筹资。

天生港的建成结束了南通地区沿江近海无码头的历史，它标志着南通的港口建设终于走入了近代。

有了较为完备的基础设施，张謇很快在这里创办了"通州天生港大达轮步公司"，经营港口业务。更为关键的一招棋是，第二年，张謇组建了"上海大达轮步公司"，并在黄浦江畔建起了自己的码头。其后，又购进数十艘江轮投入营运，由此开辟了中国近代以来南通与上海之间的第一条长江交通运输线——千百年来南通"往南不通"的交通瓶颈被突破，天生港也因此成为南通接轨上海的第一座里程碑。

随着港口业务的日益繁忙，1911年7月，清政府把江海关通州分关设在了天生港，这为南通和邻近地区进出口货物的及时查验提供了方便。商贾云集、货畅其流，天生港由此从一个名不见经传的内河小港，一跃成为长江中下游的黄金航道；岸边那座昔日的小渔村也迅速崛起，成为南通近代工商业名镇。

正是因为有了天生港镇的兴盛，张謇对于整个南通的城市规划有了新的设想：以老城区为中心，将唐闸镇建成工业区，将天生港镇建成港口区，把狼山镇建成风景区。此后，张謇终其一生都在为这个"一城三镇"的构想添砖加瓦——他花了20多年的时间，把偏居一隅的南通变成了全国"模范县"，并为它赢得了"中国近代第一城"的美誉。

在天生港建成之初，为了减轻江潮的冲刷、确保码头的安全，采用了抛石护滩的方法来稳定岸线。而张謇留给世人的最后一张照片正是他顶着满头白发，双手拄拐，身体微躬，在滔滔长江边视察筑堤工地的情景。这天是1926年8月1日。23天后，这位凭一己之力改变了一座城市命运的末代状元永远地合上了双眼。

张謇是带着众多遗憾离开这个世界的，在他的宏伟蓝图中，还有很多目标没有实现。所幸的是，后人接过了他的"接力棒"。1934年冬，大生电厂投产——这是张謇生前一直殚精竭虑筹划的项目。新中国成立后，更名为天生港电厂，并不断扩容和技术改造，为南通的经济社会发展作出了巨大贡献。尤其是20世纪80年代末，随着华能南通电厂在此落户，天生港镇更是由近代民族工业的发祥地华丽转身为南通的能源工业重镇。

港闸公路:
一条路上诞生了N个"中国第一"

20世纪初,唐闸镇的大部分生产原料和产品都是通过天生港输进输出的,而连接两地的纽带仅是一条弯弯曲曲处于自然状态的港闸河。张謇为此发出"地方自治,交通尤要"的感慨,于是,组建了泽生外港水利公司,对河道进行疏浚,并在适当河段建造船闸。

1903年,在日本考察期间,张謇看到明治维新后的日本交通事业发展迅猛,当时其道路已有国道、省道、市道之分。在

港闸公路如今仍是连接唐闸与天生港的交通要道

70多天的旅途中,张謇乘坐的交通工具主要是汽车,不但速度快,而且灵活方便,这给他留下了深刻的印象。而此时,别说是南通,就是全江苏境内也没有一条公路,更没有汽车,陆上交通十分闭塞。

因此,在疏浚港闸河时,张謇决定水陆并举,修建一条公路,这便是后来的港闸公路。

港闸公路的路基用的是疏浚河道取出的土方,然后再在路面上铺设煤渣,这样一条紧依港闸河的公路便修筑完成。由于是就地取材,所以获得了一举两得的效果,大大节约了筑路时间和工程预算。港闸公路全长约6公里、宽7.3米,仅用3个月便于1905年2月6日竣工,所费白银仅1.89万两。

这条公路修建时正值隆冬,虽然工期十分紧迫,可是,对沿线百姓土地的收购、房屋的拆迁安置,乃至坟墓的迁移等,张謇无不按市价一一补偿到位。

港闸公路远眺

以今天的标准来看，这条公路十分简陋，但当时却是不折不扣的新生事物。作为江苏第一条公路、全国第一条民营公路，它不仅大大提高了港、闸两地货物运输的效率，彻底解决了长期萦绕张謇心中唐闸取道天生港接轨上海的交通问题，更为汽车在南通乃至整个苏北地区的登陆创造了最初的条件，其引领和示范作用不言而喻。

港闸公路建成后，张謇仿效西洋租界章程，对来往车辆收取过路费，用于偿还工程建设投资和后期管养耗费——这种运作模式可谓是中国民营公路的发端。

不仅如此，港闸公路还首开中国公路技术标准规范之先河。当时修建时，国内尚无公路技术标准，张謇便借鉴日本经验，确定了从开挖路基到路面压实必须经过10道工序，每道工序都必须执行严格的施工规范。有趣的是，当时张謇将路宽统一为7.3米，修建唐闸到南通市区道路时，又提高到9米。1920年，民国政府出台《道路修治条例》，将支线公路宽度规定为7.2米、干线公路为9米。这究竟是照搬了张謇的标准，还是与张謇的标准不谋而合，就不得而知了。

在港闸公路修建过程中，张謇深感测绘专业人才的重要和缺乏。于是，1907年，张謇在通州师范学校附设测绘科，重金聘请日本教员来通授课。次年，又增设土木工程专业，面向全省招生。这些专业的开设拉开了中国公路建设专门人才培养的序幕，更为20世纪20年代全国大规模公路建设作了智力上的储备。

从1909年至1913年，张謇又主持修建了从南通市区至唐闸、狼山、天生港的公路，从而形成了"一城三镇"的公路网络。1917年，南通城里有了第一家公共汽车公司，初期有3辆公交车，行驶于城区与唐闸之间，解决了大生系统职工的上下班问题。随着道路和车辆的增加，1919年秋，张謇创办了交通警察所，并于同年开办交通警察养成所——这一举创下了中国近代的两个"第一"。

张謇认为，道路交通为文明发达之母，他曾构想，"他日县路告成，则镇与镇通，乡与乡通，县与县亦通……其利益不胜枚举。"

可以告慰先生的是，100多年过去，他昔日的梦想早已成真。今天，作为南通市区的"北大门"，随着沪通铁路长江大桥和南通西站的加快建设，他曾倾注过无数心血的港闸地区正在成为跨江合作、接轨上海的"桥头堡"。到那时，从港闸到上海只有30多分钟的行程，它与上海的同城效应将更加凸显。

大生码头：
最美地标见证薪尽火传

从创业之初张謇披荆斩棘开辟出一条近代民族工业的振兴之路，到后来在新中国纺织史上写就辉煌篇章，再到今天以国际高端产品占据同行业新高地。横跨三个世纪、历经两个甲子，大生的发展是一代又一代人倾注无数心血和汗水得来的。

作为中国最早的棉纺织企业之一，大生纱厂从未中断过生产，这在中国工业发展史上绝无仅有，就是在世界范围内也十分罕见——它堪称中国民族工业的"活标本"。

通扬运河边的大生码头见证了这一切。在这段继往开来、薪尽火传的完整历史中，它也是其中不可或缺的一部分。

大生码头究竟建于哪一年，史料没有记载，但是，根据其功能推测，应不晚于大生纱厂基建开始之时。那时候，所有建造厂房的建筑材料，车间里的机器设备，以及生产所需的原材料，几乎都要通过水路运进来，而大生码头所处的位置就是厂门的正对面，这无疑是一条最便捷的运输通道。而且可以肯定的是，大生码头最初的模样跟后来我们从老照片上所看到的还不一样，它一定是随着大生纱厂的发展而不断扩大、不断完善的。

曾几何时，通扬运河上帆影如织、桅樯林立。大生码头外，一条条满载原棉的拖驳在此抛锚停泊等待卸货，一批批装着纱布成品的货船由此争先恐后解缆离岸，汽笛声、纤夫与搬运工的号子声昼夜不绝地此起彼伏着——"大生码头千舟泊，通明复兴百机隆"描述的就是当年的热闹非凡。

据说，那时候，张謇只要稍有闲暇总会到码头上来转转，那穿梭不息的船只和忙忙碌碌的身影会让他感到心安。

随着张謇的到来和大生纱厂的崛起，曾经偏居南通城西北角的唐闸镇一下子兴旺起来了。一时间，通扬运河两岸冒出来许多工厂、仓库、粮行、商铺，他们大多也建起了各自的码头。也许是为了提高辨识度，1907 年，张謇在大生码头前建起了一座高大的牌坊，这让前来装卸货物的船只主人远远就能找到自己的目的地。

码头夜景

这座牌坊为三间四柱形式,柱子底部前后两侧以石鼓作装饰,顶棚为中国传统飞檐结构,面朝运河一边的匾额上是张謇手书的"大生码头"四个字。作为一位状元,张謇的书法功底十分深厚,这四个颜体楷书行笔从容稳健、骨干平正、收放有度、厚实古雅。

牌坊中门左右立柱上镌刻的是大生初创时翁同龢书赠的对联:**枢机之发动乎天地,衣被所及遍我东南。**

这副对联寄托了他对自己门生的祝福与希冀。当大生纱厂的隆隆织机声响起时,对于唐闸、对于南通的确是一桩惊天动地的大事,不过,后来随着事业的发展,走向全国、走向世界的张謇又岂止是"衣被东南"?

大生码头的老牌坊毁于"文革",2003年得以复建。也许是相关图片资料的不足,复建时面朝马路这边的匾额也刻上了"大生码头"。其实,当年这四个字应该是"利用厚生",体现了张謇兴办实业的初衷,就是要让工厂获得的利润用于民生的改善。这四个字也正对着大生的厂门,进进出出都能

看得到。张謇或许是要以此提醒自己和他的同仁们，每天为谁奔忙、为什么奔忙。

2019年6月，在省有关部门主办的"寻找大运河江苏记忆"活动成果发布会上，大生码头被评为40个江苏最美运河地标之一。这是对一个时代的总结，同时，也是为走在新征程上的唐闸镇吹响的号角。

时光如水，岁月如歌。随着现代交通业的发展，大生码头早已黯淡了往日的光辉，它的建造者也离去近一个世纪。

1926年秋，张謇长眠在城市的南郊，下葬时仅有一根拐杖、一项礼帽、一副眼镜、一只乳牙、一束胎发陪伴。为了事业，他可谓散尽家财。然而，张謇将他终其一生所追寻的光荣与梦想留在了大生的史册里，将他百折不挠、砥砺奋进、自强不息、锐意进取的精神融入了后来者的血液。秉承这样的精神，几代大生儿女担当起历史的使命和社会的责任，终于铸就了百年大生今日的辉煌。

追梦路上

大达轮船：
从运河驶向江海

1900年，大生纱厂已经建成投产，其他相关企业也正在兴办之中。那时候，张謇日后庞大的运输体系尚未建立起来，因此，货物运输主要是靠雇用民船来完成的。但是，民船效率低下，运输过程中还常常发生跑冒滴漏。

这年正月，张謇结识了在上海开办永安轮船公司的浙江定海人朱葆三，于是，商议租用他的船只搞运输。朱葆三见此事有利可图，便提出要合股经营。张謇采纳了他的建议，并由朱负责管理。从此，一艘名为"大生"的机器小火轮开始在南通与海门、常熟、上海等地之间航行，这是张謇投身航运业的开始。

然而，两年之后，南通的股东既没有一文钱的分红，也没有见到任何账目。这样的僵局让张謇不得不作出改变。1903年5月，张謇与如皋名士沙元炳在唐闸创办了大达内河轮船公司，由张謇任总理，首任经理为顾莼溪，但此人仅上任数月就病故了。随后，由沙元炳接任，他由此成为公司实际上的首任经理。

沙元炳也是一位了不起的人物，他与张謇是同科进士，曾担任翰林院编修。戊戌变法后亦无意官场，遂辞官归故里，从此致力于教育和实业。1902年，在张之洞的支持下，创办了如皋师范学堂——这是我国最早的公立师范学堂。他追随张謇创办实业，同时还在家乡办电厂、医院，并使如皋火腿蜚声海内外。他和张謇不仅是同道好友，更是亲密战友，他们南北呼应、并驾齐驱，为南

通的近代化进程作出了重要贡献。

如今，大达内河轮船公司旧址还矗立在唐闸镇北市街上。当年，这座面朝通扬运河的二层西洋式建筑的底楼是候船室和办公室，二楼是一家名为"淮海客舍"的旅馆客房——这样合理的功能分布，显示了设计者的匠心和带着那个时代印记的审美趣味。

在浩如烟海的史料中，有一张照片值得关注。这幅照片拍摄于大达内河轮船公司的大门前，从站在西式栏杆后4位年轻人的装束看，当时应该还是清朝统治时期，他们可能是大达公司的职员，可能是在此候船的乘客，还有一位上身赤裸的可能是在船上打工的苦力。大楼右侧有一个带坡顶的公示栏，公示栏内张贴的应该是船期公告之类的文书，从公告张贴数量推测，大达公司的业务此时已经相当繁忙。

大达内河轮船公司旧影

当年的大达公司外运盐河上帆影如织

的确，公司创办第二年便拥有6艘运输船，可通达如皋、泰州、扬州和本地东部的金沙、余东、余西、吕四等地。1920年前后，有小火轮20艘、拖轮15艘，开辟的航线多达10条，遍及镇江、扬州、泰州、盐城、高邮、宝应等苏北主要城镇，沿途停靠56个码头，形成了以南通为中心的航运网络。这一体系的建立，不仅方便了南通人的出行，而且使张謇的企业在对外竞争中处于十分有利的地位。

　　在大达内河轮船公司的发展过程中，有一个人不能不提，这个人就是江石溪。

　　大达公司是机器快船，在市场竞争中自然优于受盐官、盐商控制的木船，于是，他们便以种种理由加以阻挠。为了确保公司业务的顺利开展，1918年，公司第三任经理扬州人蒋古堂向张謇力荐他的同乡江石溪主持公司扬州方面的工作。江石溪早年从医，因医术精湛而名闻乡里。他接手后，凭借自己的威望，通过积极协调和运作，终于使公司运营恢复了正常。

　　江石溪有个儿子叫江上青，1927年7月，他到南通来看望在唐闸镇通明电气公司任职的大哥。大哥住在南通中学旁边的柳家巷15号，巧的是当时学校正在招生，结果他一考便中。在学校期间，他受好友刘瑞龙和同学顾民元等人进步思想的影响，加入共产主义青年团，从此走上了革命道路。

　　2019年，大达内河轮船公司旧址被列为江苏省文保单位。

　　先贤已随清风去，昔日楼前南来北往的身影也早已消失在岁月的尘埃里。但是，历史不会忘记，作为近代江北地区航运界的巨子，大达曾经为中国的民族航运业作出过怎样的贡献。

修葺后的大达内河轮船公司旧址风采一如当年

大洋桥：**河东河西好风光**

经过4年多的筹备，清光绪二十五年（公元1899年）四月十四日，由清末状元张謇一手创办的大生纱厂终于正式投产——就是这家位于南通城西北15里外唐闸镇上的纺织厂拉开了南通近代工业发展的序幕。

古老的通扬运河将唐闸镇分为东西两个部分，很长一段时期以来，这里仅仅只是一座被大片农田所包围着的小集市。那时候，周边的农户几乎家家都有土制的纺车和织布机，在那些漫长的夜晚，"纺纱鸣机杼，百里声相闻"是南通乡间的一道风景。然而，随着张謇的到来和大生纱厂的诞生，从前一家一户手工作坊式的生产方式逐步被现代工业的机器大生产所代替。短短几年，唐闸这个曾名不见经传的小镇一下子变得热闹起来。

张謇办企业是有系统性的：纱厂有多余的蒸汽，于是就办起了面粉厂；棉花纺纱剩下了棉籽，于是办起了油厂；油厂生产中会有下脚料，于是办起了肥皂厂；纺织厂有多余的飞花、棉籽榨油剩下了棉籽壳，于是办起了纸厂；纱厂的机器需要更换零件，附近的农民也需要农具和生活用品，于是又办起了冶铁厂——这些厂分布在唐闸镇通扬运河的东西两岸。

有了厂自然就有了工人，张謇又为他们建起了工房，其中，老工房和西工房是规模最大的——据说，现存的唐闸老工房是中国最早的专门供产业工人居住的住宅区。而纱厂的股东和高级职员们住的则是西式建筑，这当中最有名的就数"红楼"了。这幢西班牙风格的建筑初为大生纱厂股东高安九的私宅，后来租给厂里的高级职员居住。新中国成立后，它曾做过疗养院、政府办公楼和旅馆。那时候，像这样的西式建筑，在唐闸镇上有10多处，其样式有德式、英式和日式等，这让小小的唐闸镇看起来很有点"洋味"——它们也分布在通扬运河的东西两岸。

工厂的兴起还带动了商业的发展，今天，北市街上仍然保持着原貌的那几排两层木栏杆建筑便是当年的商铺，像一位历尽沧桑的老人，它们还在诉说着那段湮没在岁月深处的辉煌。此外，运河两岸还建起了一座座码头、一间间仓库，以及与之配套的办公楼。

几年的苦心经营，曾经荒芜的唐闸镇终于繁荣起来，但是，缓缓流淌的通扬运河却依然阻隔着两岸的交通。于是，1906年，张謇在通扬运河上建起了一座长40多米的木桥，也许是因为此时的唐闸镇"洋味"十足吧，这座桥取名为"大洋桥"。

1914年和1954年，大洋桥得到两次重修。1966年，原大洋桥拆除，在其南边不远处新建一座钢筋混凝土双曲拱桥，这就是现在的唐闸大桥。

当年的大洋桥两岸

　　岁月的流转早已让桥畔的风貌人事俱非，不过，人们不会忘记，张謇的事业是从大洋桥两侧起步的，南通的近代发展史是从大洋桥两侧起步的，日后被称为"中国近代第一城"的南通的辉煌是从大洋桥两侧起步的。

　　正如张謇先生自己所说的那样，"天之生人也，与草木无异。若遗留一二有用事业，与草木同生，即不与草木同腐"——他不仅给后人留下了不朽的事业，还把他终其一生所追寻的光荣与梦想留给了南通、留给了未来，南通人将永远铭记他的功绩。

高氏红楼:
流金岁月的守望者

清末民初，经过张謇十数年的苦心经营，从农耕文明一路走来的唐闸古镇终于走进了世界的视野，成为南通西风东渐的桥头堡。那时候，弹丸之地的唐闸镇上，不但有了鳞次栉比的工厂、日升月恒的商场、货畅其流的公路、舟来楫往的码头，而且还有了许多让老百姓感到十分新奇的西洋建筑。

粗略算来，唐闸镇上当时的西式建筑不下 10 处，其中，最为人们所熟知的是位于河东大洋桥下原大生纱厂股东高安九的别墅——高氏红楼。

1937 年 3 月 17 日南通沦陷之后，日寇的铁蹄很快踏进了唐闸，而红楼的主人早已闻讯远遁他乡，于是，这股日军便将司令部设在了这里。日寇选择这里作为他们的巢穴，这无疑说明红楼是当时镇上最好的建筑之一。

高氏红楼建于 1919 年，主持建造者为宁波籍建筑师董友章。此人早年在上海谋事，对西方建筑有着很高的造诣，张謇先生曾经邀请他为大生纱厂设计厂房，1902 年为张謇的哥哥张詧营造了城南别业。后来，他还曾赴上海、无锡等地为荣氏家族建造房屋。

去年，在落成整整 100 年后，红楼被列为江苏省文保单位。

100 年的时光足以让昔日的物事消逝在尘埃里。然而，今天，当我们走近这座唐闸镇上唯一的西班牙式建筑时，那一式的清水砖墙依然端庄典雅，那红瓦铺就的坡顶和屋面的三角雨厦依然赋有韵律，那廊柱间用当年从国外花巨资进口的马赛克铺就的过道也依然展现着那个时代的绝世风华。

事实上，在唐闸镇上，除了以红楼为代表的西洋建筑之外，同一时期还出现了许多中式风格的传统建筑，如司竹舟故居、吴蘷阶故居、丁家大院、魏家大院、於阶甫大院和顾雅言大院等。和高安九一样，它们的主人大多是张謇的同僚或唐闸近代化进程的促进者。

这些建筑乍看之下外观与江南民居别无二致，细看之下却又有着类似我国北方院落的面貌，其空间布局与组合林林总总、变化多端，而绝无固有的呆板模式。显然，它们是受到近代工业文明的熏陶与改造，从而形成了突出的地域文化特征，并被烙上了时代的印痕。可以这么说，它们是百年古镇的神韵所在，也是我们这座城市的民族尊严所在；它们是近代城市多样化的民族坐标，也是南通走向现代文明的见证者与守望者。

红楼残雪

　　唐闸古镇犹如一座建筑的博物馆,在曲折迂回的廊檐桥径之间、在雕栏玉砌的亭台楼阁之间、在盈盈流淌的水光花影之间,我们还能感受到先贤们所共同创造的那段流金岁月。

　　不过,随着时间的流逝,成功与失败、得意和失意都已经不再重要,重要的是,我们必须铭记先贤留给我们的踏实勤恳、不屈不挠的精神。这正如1912年高安九的父亲高清逝世时,张謇为其亲撰的墓志所云:"后之来者,其能艰苦忠实如君当日之助我欤?"

老工房：
这里曾经住过七十二家房客

继大生纱厂之后,张謇在唐闸又创办了阜生蚕桑染织公司、广生油厂、大兴面厂、大隆皂厂、大昌纸厂、颐生罐诘公司等一系列企业。如此大规模建厂,产业工人的队伍一下子变得十分庞大,这当中不但有本地人,还有许多外地人。为了解决这些人的居住问题,一个新的名词出现在了唐闸人的生活中,这就是"工房"。

修整后的老工房重新焕发光彩

1897年,大生纱厂的基建进行得如火如荼,工地附近盖起了简陋的芦棚茅屋,一大帮赤膊短褐、脚踩草鞋的外来工匠是这里最初的居民。后来,随着工厂的落成和工匠们的离去,工棚转而成了纱厂工人的住宅——这是唐闸工房的雏形。

企业的发展离不开人才。大生纱厂创办伊始,张謇便从宁波、无锡等地招来了大批技术骨干和管理人员,背井离乡的他们同样面临着安居的问题。为此,1906年,张謇在唐闸西市街北侧建起了标准较高的工房。工房采用中式砖木结构,计有两层楼房4排、单层平房2排,每排均为12开间——由此推算,当初这里的房客恰好是72家。

由于是唐闸镇历史最悠久的工房遗存,人们习惯将它叫作"老工房"。老工房的建成如同筑巢引凤,稳定了外来人才队伍,保证了纱厂正常的生产、经营和管理。

当年的老工房整洁有序,容不得私搭

乱建，除了户户门前的储水缸坛、屋后的树木盆栽略有差异外，其他设施别无二致。房屋与房屋之间的过道称为"弄"，弄头弄尾有路灯照明，房前屋后有排水阴沟，夜间无需摸黑，雨天不会积水。再有就是公厕，当年的公厕尚不多见，其建筑高大宽敞，东西隔半，男左女右。

由于工房是租赁给职工居住的，因此，凡屋漏墙倾、门窗损坏，一律由大生纱厂派人修缮。厂里对工房的维修管理有很严格的规范，逢到夏季，排排住房都要扫瓦捉漏，每隔一段时间，家家门窗还要油漆见新。

倘徉在老工房的弄堂里，让我们的思绪回到一个多世纪前的某个清晨吧。那时候，最早响彻唐闸镇上空的是大生纱厂的汽笛声。头一声汽笛催促人们起床，随着这声汽笛，各家各户门前便响起了一片劈柴、生火、刷马桶的市井之声——一天的日子就此拉开序幕。第二声汽笛是提醒人们该进厂了，穿过西市街，走过放工桥，便是工厂的北大门。每逢这个时候，桥上总是人潮涌动，工友之间相互寒暄的喧嚣成为那个时代的风景。

直到今天，在老工房里还流传着这样一个故事：某天，因为没有人照看，在大生纱厂做工的王姓人家媳妇将尚在襁褓中的孩子用竹篮装着带到了车间，结果不知什么原因孩子被卷入机器而夭折。事情传到张謇耳中，他体恤民生之多艰，于是，大生纱厂托儿所应运而生，从此解决了女工们的后顾之忧——这是南通企业办托儿所之肇始。

从1918年开始，张謇在唐闸镇大规模兴建工房，这就是后来的西工房、东工房、南工房和高岸街工房。事件同样源于一场灾难。1917年一个寒冷干燥的冬夜，发生于厂北工棚的大火使很多人沦入赤贫，这让张謇进一步认识到，改善工人的生存环境、提高工人的生活待遇是企业发展的根本。当时，张謇取《易经》中"元、亨、利、贞"四字为这些工房冠名，其寓意是希望企业大展鹏程、万事亨通，而职工能够通过自己的努力安享其利。

掐指算来，老工房里最初居民们的后人应该已经传到第四第五代了，当年他们祖辈"你侬""我格"的乡音早已消融在浓浓的南通话里。

所幸的是，那些老屋子大都还在，曾经住在老屋的创业者们留下的自强不息的精神还在。如今，唐闸的工业遗存已经列入了保护计划。与别处不同的是，除了工业厂房外，唐闸镇还留下了当年的码头、学校、剧院、公园，从而形成了一个与之相适应的小社会，而这当中，那些老旧的工房无疑是最为独特的景致。

银光大戏院：一间仓库演绎绝代风华

位于今天唐闸1895文化创意产业园西北角的18号楼叫"银光大戏院",这是园区内唯一一栋沿用旧名称的建筑。说是戏院,其实,在这幢建筑存在的百年时光里,它多数时候是作为工厂的车间或仓库存在着的。那么,唐闸人为何近乎执拗地称之为"戏院"?它有着怎样的前世今生呢?

1905年,张謇先生兴办实业已有10年之久,此前的种种境遇让他感叹:兴工业而不用机械,等于是赶着跛足的乌龟去赛跑;用机械而不求自制,终究会受制于人。于是,这年春天,他在唐闸镇购地筑屋,创办了资生铁厂和资生冶厂,合称资生铁冶公司。对于这两个企业的关系,张謇说,铁厂是制造和修理机器的,冶厂是为铁厂提供辅助的。为了培养熟练的操作工,张謇同时还办起了类似于今天技工学校的实业艺徒预教学校。

银光大戏院斑驳的外墙

现在的银光大戏院就是资生铁厂的一间仓库。关于它的建造时间没有史料可查,不过,根据分别建于1917年和1919年的大储堆栈打包公司、大生织物公司的老仓库推断,它们应该属于同一时期。因为它们同样都是中西合璧的建筑风格,同样都是清水外墙,同样都是硬山式坡顶结构,大梁立柱所用的木料也同样都是从美国进口的花旗松。

然而,到1930年的时候,资生铁厂便难以为继,加之后来设备遭到日寇掳掠,损失惨重。抗战胜利后,资生铁厂彻底破产,只剩下厂房和地皮可供租赁。

关于银光大戏院的第一次演出,唐闸镇上的老人顾振华回忆是1940年的某一天,那时他还是个孩子,那次他被拥挤在门口看杂技的人群冲倒了。不过，在更多唐闸人的记忆中，银光大戏院是从一个名叫蒋海林的大生一厂职工集资租下闲置车间开始的，那已是1949年前后的事了。

不管怎么说，在那个时代，银光大戏院满足了唐闸人对于精神文化的渴求，每当有演出，戏院里总是挤得满满当当的。80多岁的周元英当年是大生一厂的纺织女工，她说，她就是从那个时候开始喜欢上越剧的。

据老人们回忆，从1949年到1952年，他们在银光大戏院看过各种类型的演出。仅1952年，便有正义越剧团、苏南大众实验京剧团、上海市人民杂技团、红旗实验舞剧团、南通地区姐妹越剧团等多家剧团来此献演，这当中甚至不乏像徐碧云、王琴生、袁灵云、纪玉良、沈金波、李如春、张文娟这样的"腕儿"。

当年的演出预告也颇有意思，除了在人流密集处张贴海报外，戏院的一名工作人员还会扛着写有剧名、演员名字信息的广告牌，沿着大街小巷边走边摇铃。不需要吆喝，只要听到铃铛响，人们就知道银光大戏院又有好戏看了。

1949年6月的某天，上海外阜电影院的学徒陈慈元和两位师傅受邀到银光大戏院放电影。几天后，师傅不愿留在小镇上，徒弟却为寻到放电影的机会不肯走了——陈慈元于是成了唐闸镇上第一个电影放映员。

那时候，究竟放了些什么电影，唐闸镇的老人们都已经记不清楚，但是，在银光大戏院初次见识到电影这个新鲜玩意儿时的兴奋与好奇，却定格在他们脑海里，久久难忘、历久弥新。遥想当年，放映机投射出的是黑白的影像，可是，对于唐闸人来说却是生活中一抹亮丽的彩色。

1952年12月，银光大戏院被收归国有，市总工会将其改成电影院。1957年，随着唐闸工人电影院的落成，它作为剧院的历史从此结束。后来，银光大戏院又重新改成仓库。值得庆幸的是，虽然经历了一个世纪的风吹雨打，银光大戏院外部面貌和内部骨架依然保留得非常完好。

2012年11月9日，经过修缮的银光大戏院再次以它的风情万种闪亮登场——第七届国际纤维艺术双年展颁奖典礼在此举行，国内外170多位艺术家汇聚一堂。鲜艳的地毯、闪烁的灯光、欢庆的音乐，如梦如幻的场景让人仿佛觉得，当年大幕后的丝竹皮黄又袅袅婷婷，当年舞台上的婉转长袖又活色生香。

大生护理院:
穿越百年光阴,这里夕阳独好

  在名镇唐闸,张謇和他在这里留下的足迹,随处可见。

  通扬河畔的大生码头,见证着大生纱厂的光彩与幻想、昌盛与衰败。沿着大生码头,走进百年沧桑的大生集团,一径往里,走过一座桥,往南便是大生护理院了。

  "老吾老以及人之老",这是孟子的名言,更是张謇弘扬的养老理念。

  张謇与其兄张詧在1912年以后的10年间创办了三所养老院。1912年,正值张謇六十大寿,《啬翁自订年谱》里有记载"二十五日,生日,先是移宴客费三千元,倡建第一养老院,戚友益捐助之,规地于城南白衣庵东。"这个养老院可同时收养120位老人。先生七十岁时,应六十岁生日之时约定,用私资在第一院前面购地建造了可同时收养146位老人的第三养老院。这两个养老院都建在南通。而第二养老院则在他家乡常乐，落成于1913年7月，在先生自订的年谱里有一句话记述了这件事："养老院落成开会"。

第二养老院位于常乐镇南湾，现在的大生三厂北边。张謇取"老吾老以及人之老"之意，题书"老老院"，周边百姓也有称其为"老人堂"的。养老院有七架梁朝南瓦房四埭，配备护理人员和医生，还有个小手工场，让老人们做些力所能及的手艺活计。养老院建成之后，周边数十里无依无靠的鳏寡老人有了栖身养老之所。常乐镇养老院的院舍在1949年后才完全拆除，但方圆数十里的人们对"老人堂"的名字及方位牢牢印记在心里，"老人堂"在相当长一段时间里是下沙地方的一个著名地标，至今如此。

张謇弟兄为何要在10年间办三所养老院？张謇曾在第三养老院开幕演说中道出了他的心迹："夫养老，慈善事业。迷信者谓积阴功，沽名者谓博虚誉。鄙人却无此意。不过自己安乐，便想人家困苦；虽个人力量有限，不能普济，然救得一人，总觉心安一点。"在演说结束之时他向社会各界发出倡导："好善之士，如能本此推广设立，不使一老人流离失所，此尤鄙人所深望也。"

100年后，为传承张謇的慈善养老理念，一份可行性报告拉开了筹建大生护理院的序幕；2012年9月，定位非盈利机构的大生护理院通过了市卫生局的评审，获得了执业许可证；2014年6月，获得市民政局的执业许可。

有心人发现，大生护理院的建立与张謇创办南通第一家养老院正好相隔一个世纪，冥冥之中，天地大德，百年传承。

在先贤的引领下，在大生文化的实践中，这家古镇上唯一的一家护理院将全国养老理念重新定义。

在大生护理院，院长王文彬是每位老人的知心朋友。他带领全院上下传承先贤的养老文化遗产，构建了医养结合型照护服务、辅助器具适配服务、社区居家养老服务、养老服务评估、养老服务工作室等多元化、多层次一站式的大生养老服务体系。

一个世纪前，张謇创办的三所养老院都办有工场，在招收社会员工的同时，可让老人参加一些力所能及的劳动，老人可领取一定的报酬，这样既可为养老院创收，也可为老人自己增加一些收入，同时老年人在劳动中也可强身健体。这些工作主要是"轻便工作，若缝纴、编织、种蔬、灌花。"（《民国南通县图志》）等，根据各人的能力，事情可多可少。

一个世纪后，这样的场景在大生护理院重演。黄昏时分，夕阳下，院内的一群老人围坐在一起剥蚕豆、聊家常。

张謇时代的养老院

每逢端午节,护理院都会组织老人包粽子,甚至还对失智老人进行劳动分工,包括扫地、洗碗、端饭等,让老人们有事可做。此外,大生护理院还专门开辟了一小块农田,让老人体验农家乐,在干农活中帮助老人找到从前的回忆。

张謇曾说:"与其一人一日无谓之靡费,不如使吾县境之孤穷老人得安其一日之生,同享厚地高天之乐。"在大生护理院陈列室内,张謇当年创办"老老院"时的23条院规依旧那么清晰地陈列在墙,其养老理念至今仍然光彩熠熠:"入院时由管理人询问一切登载老人名册;每周更换衣袜,每月理发,六周洗被褥,每十二周洗帐,至沐浴次数依气候至冷暖而定之;如拣菜洗扫清洁等事项,择老人有能力者由庶务分配其职务,岁给劳金……"

老吾老以及人之老,我独寿不如众养老。大生养老,供给多元:24小时生活全方位"家人式"照顾护理模式,开设"适老辅具体验馆"面向社会提供适老辅助器具适配服务,创建"阿尔兹海默症无障碍友好社区"……如今,传承张謇养老思想的大生护理院,已成为唐闸及周边老人最向往的养老好去处。

徜徉于唐闸老镇,路过大生护理院,有时远远便能听到深沉隽永、缠绵柔和的越剧唱腔,曲调细腻婉转,情深意浓……

　　王文彬闲时，也会和老人们唱上几句。他说，让每位老人在这里能安一日之生、享天年之乐，便是最幸福的一件事情了。

　　张謇说过，儒家有一句扼要而不可动摇的名言"天地之大德曰生"。因此，他把纱厂的名字叫为"大生"。此句出自《周易·系辞》，意为天地自然最大的特性就是生生不息。从百年前的三家养老院，到大生护理院，这样的传承，不正是一种生生不息吗？

　　穿越百年光阴，这里夕阳独好。百年大生不老，这个养老的品牌正当年。如果状元公亦能穿越时光，看到他当年的理念得以发扬光大，也一定会欣慰至极的！

生态庭院适合颐养天年

泽生街：
一个地名记住了两处繁华

在张謇离去近一个世纪的今天，南通还留存着他的印痕。且不说"纺织之乡""教育之乡""文博之乡"为这座城市所赢得的无上荣耀，单就是淹没在寻常巷陌中的地名，也无不彰显着这位先贤的伟大功绩。

泽生街便是其中之一，它的名字就来自于张謇先生创办的一家企业。

如今的天生港泽生街充满人间烟火味

天生港泽生水利公司旧影

在天生港开埠之后,作为工业重镇的唐闸与它之间的人员往来和货物运输日渐繁忙,但是,沟通两地的港闸河河道蜿蜒浅窄,无法满足通航的需要。为此,1905年,张謇组建了通州泽生外港水利公司,其业务主要是测量长江与内河水位,疏浚和加深天生港至唐闸水道,兴建船闸以均衡江河水位,并兼顾农田水利。

随着张謇事业的发展,南通的近代城市化进程不断加快,许多曾经荒芜的乡村逐渐变成了热闹的街市。既然有了街市,那就得取个名字。那时候,位于港闸河起点处的泽生公司办公地点设在一条"L"形的街道旁,于是,人们就将这条街称为"泽生街"。

由于后来张謇为大生企业职工兴建的工房大多围绕着这条街,因此,它很快成为唐闸镇上最繁华的去处之一。老人们还记得,当年,逢到过节,外来的马戏团和戏班子到唐闸演出,最爱顺着这条街吹吹打打、招摇过市,以招引人们关注的目光。一年四季,南来北往的行船贩夫也常常趁着泊船待港的空闲,提上山货海味、时鲜土产,上岸走街串巷吆喝叫卖。这是行商。

街上的坐商还有唐闸最大的饭店复新春菜馆、大盛和茶园、马清云茶食店、陆鬼麻子小儿诊所、卜家茶馆书场、高隆吉香店、朱成酱油坊等等。一时商贾云集,人流熙熙攘攘,生意红红火火。

要说这条街上最引人注目的还是志民

医院,它是当时唐闸镇唯一一家综合性医院,设有内科、外科、妇科、儿科、五官科、手术室、住院部、门诊部等,还配备了德国生产的X光机。院长袁志民是一位有着仁爱之心和进步思想的著名西医。1942年12月,邹韬奋先生到访苏中抗日根据地,不幸在四安镇患病,袁志民曾冒险秘密前往为其治疗。

唐闸的泽生街处在港闸河的起点,有趣的是,在天生港镇港闸河汇入长江的终点处也有一条泽生街,它的名字同样源于"泽生公司"。天生港镇上还有大达街、通燧街,它们的得名则是因为张謇在此创建了大达轮步公司和通燧火柴厂。这几条街同样是天生港当年最繁忙的商业区,街中有钱庄、饭庄、布庄、客栈、米行等,其中,主营禽蛋等鲜货生意的鸡鸭行就有10多家。还有一爿铁匠店,既打制老百姓日常使用的农具、炊具,也兼营货轮的铁制配件,生意十分兴隆。

"文革"期间,几乎一切历史遗存都被视作"封资修",这几条街便被按当时惯例冠以"火炬""红卫""卫东"之名。但是,当地的老百姓并不买账,他们依然我行我素地叫着老地名。

若干年后,也许是为了有所区别,唐闸的泽生街更名为"高岸街"——取这名字是由于当年浚港挖土使泽生街的路基高出别处许多。但是,为了永远铭记张謇先生的丰功伟绩,街内的一条弄堂仍保留了"泽生内弄"的名称。

20世纪20年代初,英国人戈登·洛德在考察南通时看到,道路上不再有乞丐、酒鬼或是流浪者,街上车水马龙,人来人往——这样的情景在当时的中国犹如世外桃源,令人羡慕与向往。因此,他说:"通州(即南通)是一个不靠外国人帮助,全靠中国人自力更生建设的城市,这是耐人寻味的典型。"

东风无力、冷月无声,岁月的颓垣总会湮没掉一些与时光有关的印痕,世事的沧桑也总能让旧日的风景人事俱非。然而,得益于地方政府很好的保护与修缮,与港闸人厮守了一个多世纪的那两条"泽生街"依然还在,它为我们留下了这座城市清新秀丽的神韵。顾盼生辉的风雅,以及历史文化的深邃。

唐闸的泽生街如今称为"高岸街"

叁

岁月留痕
—— 探寻港闸老地名文化

港闸路已是百年老地名。1905年建成的港闸公路,是中国最早的民营公共交通马路,张謇先生辟此路连接唐家闸与天生港,这条路也被认为是"港闸"区名的来源之一。如今的港闸路,仍然是联通港闸的交通要道,新修葺的唐家闸牌坊,配上吴良镛院士"中国近代工业遗存第一镇"题字,使这条路的历史纵深感更加凸显。

地名已老去,好故事才开始

在世界上留下印记,是很多人的毕生追求。著名小说《三体》中有一段情节写到,人类为了最大限度保存地球文明的遗迹,试过很多方法,但是最后唯一可行的方法却是把字刻在石头上。

无独有偶,也正是1971年出土的《唐东海徐夫人墓志铭》中一段刻在石头上的文字,让世人将港闸的历史,上溯到千年以前。

千年以来,这片沃土,从江海沙洲,到千里圩塘,再演变为万顷良田,多少代劳动人民在这里欢笑、难过,在这里辛劳、收获。经过多少年的八方汇聚、融会贯通,才成就这港闸的一方水土一方人。

在古代人民的生产生活中,或姓氏、或习俗、或环境、或事物,不同地方就会出现不同的地名。在港闸地区,有如"唐闸""港闸路"这类在中国民族工业历史上留下印记的地名,也有"十八里河口"等一众在南通建城史上富有历史地位的地名,还有"复兴沙"这般留在南通人心中远古回忆的片段,更有"汤家巷"此类老地名,现已变为了著名景点。

唐闸老镇姐妹

但是,在港闸千年的历史上,更多留下的是曾经默默无闻的地名,他们只是藏在历史的故纸堆中,等待着你的发掘、等待着你的点亮。

经历千年,港闸的每一个地名背后,都犹如一丝优雅梦境。你不为地名所动,只是不知其中魅力。这些地名背后的故事,或波澜壮阔,或细水长流,或人间百态,或辗转曲折。他们是那时代的一粒粒沙,经过千百年的汇聚,成就了港闸文化的雄伟巍峨。

在小小白龙潭的背后,是港闸地区数百年的圩塘文化,那种每家每户不是门前有港,就是屋后有河,有的人家四周还围着"园沟"的生活,这些造就了港闸人民不屈不挠、敢为人先的高贵品质。

十里坊、高店、陈家榨等地名与路边设集市有关,是当年交通不便、运输不易的无奈之举。但这种陆路交通的落后,让运河文化在港闸地区生根发芽,成就了清末民初民族资本在南通地区的小萌发。

万善寺、镇海关帝庙,设立之初均因百姓生活不易,希望求神拜佛,保佑平安。等普通百姓在平安归来后,或烧香拜供,或捐资修缮,让寺庙香火长久,也体现了港闸百姓的知恩图报、民风淳朴。

至于峨眉山、云台山的"无山",只不过是生在一席平原上的港闸人,对于山川大河的美好向往罢了。而那些以姓名为开头的地名,更是等待着他们的后人,去寻找先祖在当地留下的宝藏。

这里介绍的一组老地名,只不过是港闸地名文化中的一角,只希望能抛砖引玉,让更多的人去关注这些地名背后的故事,关注港闸先辈们的高光时刻或平淡生活。

讲述港闸的美丽故事,其实才刚刚开始……

复兴沙：
这里发源了港闸

港、闸二字，天生和水有关。当年十八里河口还是江海交汇之处时，港闸地区普遍是一片水滩。在当时的年代，随着江水和海水的博弈，沙洲随潮起潮落，所以有了"复兴"之名。在常年的江水和海水交替冲刷下，江进海退，水滩变为沙洲，沙洲扩张为圩塘。

刚刚成陆的圩塘，其实就是江水冲击成的沙田，早期只能种一些单一物种，以至复兴沙当地的农民有句口头禅：种沙田，磨豆腐，汤里来，水里去。可以说，港闸沿江的永兴、天生港两片土地，很多都是圩塘的"后代"。而这之中有48个著名的圩塘，就属于复兴沙。

汉文帝年间开挖的老通扬运河，就在复兴沙地界开挖过。所以在汉代，复兴沙

唐闸老街上的复兴巷,不知与复兴沙有没有渊源

就已经成陆,不然也无动用劳力开凿运河之举。可见民间将"复兴沙"作为港闸地区的成陆的"祖先",是有一定缘由的。

说起复兴沙的文化,其实从某一方面说也是圩塘文化。48个圩塘,各有各的特点,各有各的故事。

比如和神话典故有关的白龙圩,相传韩湘子在此吹笛的湘子圩。又如传说称明朝嘉靖年间南通在圩塘内养"贡马",留下了一个叫"马坟园"的地方,据说是专门埋葬"贡马"之处。而这个马坟园所在的圩塘,也被称为司马圩,或因为口音等原因,被称为时马圩、时髦圩。再如当年天生港老港边有个圩塘古称讨饭圩,是因为天生港成港后,是当地渔民集中居住地而得名。当年的渔民没有大船,在江中打渔是靠天吃饭,如果碰上时运不济,几天都无生计。就是因为很多渔民生活在贫苦边缘,破衣烂衫,被当地人叫作渔花子,所以在讨饭圩中,有条渔花子集中的街道叫花子街。

当然,当年淳朴的人民对于给圩塘起名,更加注重"因地制宜"和"方便记录"。48个圩塘中,七圩、八圩、九圩、十圩……这些好记的名字并不少,而破屋圩、锅头圩这些下里巴人的称呼,也反映了当时民众的淳朴可爱。

有了生活,就会诞生文化。在复兴沙地界中,传说是玉帝的朝靴砸出来了靴潭圩,为了每年迎接来此地"视察"的玉帝,当地陆姓家族都要敲锣打鼓,恭迎仙驾。一来二去,这种敲锣打鼓的水平日日渐长,陆家锣鼓成为了省非物质文化遗产。

时至今日,复兴沙已无当年沙洲的模样,早已成为一片平原。很多圩塘在当地人们的生产生活中,不是被分割填埋,就是早已不见。在清末张謇时期,因为兴办实业,连接唐家闸和天生港之间天然窄狭的港河经过疏浚日益繁忙。复兴沙境内的诸多村落,因为两地的交流也发展加速。沿路各种小食店、杂货店、酒店、药店等一一建立起来。新中国成立后,这里也因为港闸经济的发展,高楼林立、厂房遍布,道路畅通、海晏河清。

只有一些还在老人心中的古地名,还能依稀让人想起当年圩塘后面的故事。从这些故事的背后,已经一千多岁的复兴沙,在安静处仔细端详一切,见证着这里再次复兴。

万善寺：
从前有座庙，建于南北朝

在中学课文中，鲁迅笔下的阿Q有很多"战绩"，抢走观音娘娘座前的一个宣德炉就是其中之一。近年来，"大明宣德年制"六个字，也让明宣宗朱瞻基在大明宣德年间参与设计监造的铜香炉身价暴涨。其实在南通城北，有一座名叫万善寺的寺庙中，曾经有一口明宣德年间铸造的铜钟，而一吨多重的钟体上，就铸有"大明宣德"四个大字。

据记载，万善寺是南通市区建成最早的寺庙。始建于南北朝梁武帝天监元年，即公元502年。现通吕运河静海大桥西北侧，有一条南北走向的运盐河，名叫通刘河。当时的通刘河畔，还是海边。因为居住在西边"老岸"的渔民经常从这里出海打鱼，为了祈求出海平安，自筹资金在这里建造了一座一间房子的小庙，供奉海神。因为当地的渔民在出海打鱼之前或取得鱼获之后，都要到这座小庙中用大香大烛供奉神灵，所以这座庙虽小，但香火却十分旺盛。

至唐昭宗景福二年，即公元893年，因海滩围星，万善寺一带的海边早已成为可以耕种的平原，一些渔民也由捕鱼为生转为种田为业。人们为了期盼来年五谷丰登，将原来海神像下移，转而在庙的正中供奉土地公婆。

宋仁宗天圣六年，即公元1028年，因佛教开始在民间盛行，加上万善寺周边已经成为民众聚居区，原来的土地庙进行了扩建，成为一座四关厢结构，有一定规模的庙宇。在那次扩建之后，庙中土地公婆被请往门堂上首，正殿开始供奉五福都天菩萨，庙宇的两边厢房还供有火神、痘

神、二郎神、雷公电母诸神。

当年河东岸和庙门之间有一条路,是南通城北主要交通要道。路上有进城下乡的百姓,河中有南来北往的船只。为方便香客朝拜,在当年庙宇扩建时,就将正殿朝西,庙门面向大路,所以万善寺也成了南通城少有的正殿庙门均朝西的庙宇。

宋仁宗明道二年,即公元1033年,终于有和尚前来庙宇主持庙务,定庙名为朝阳寺,后在1039年改为万善寺。

作为我市市区最为古老的一座寺庙,当年的万善寺成为通城百姓朝拜的目的地。该寺常年举行出庙会活动,每次出庙会,早上从寺庙出发,要燃灯后才能回到庙里。在出庙会的沿途,接受设供者的供菜和朝拜。

万善寺在1950年因为各种原因被拆除,而存留的宣德铜钟,也在1958年期间,熔化成了工业原料。

新世纪以来,港闸区的城市建设日新月异,通吕运河绿廊港闸段作为通吕运河景观带的组成部分,已经成为百姓在茶余饭后休闲的必到之处。每当晴空万里或者华灯初上,在通吕运河绿廊边踏青、散步的群众是络绎不绝,成为港闸区的一片风景,也提升了周边住宅小区的环境档次。现在这条运盐河的东侧是已经建设成的绿地公园,西侧是我市规模较大的住宅小区华强城。

只有史书上还记载着,在这条河畔,曾经有一座寺庙,建成在1500年前。

镇海关帝庙：
渡海桅杆今何在

　　新中国成立后，港闸一带建了多所小学，其中一所小学名为"桅杆小学"，并不常见。这所小学之所以名为"桅杆"，和当地的一艘沉船有关。

　　早在元代，通扬运河成为南通漕运、盐运的黄金水道。运河的北岸因为成陆早，地势高，被称为"老岸"，相对应，运河南岸就被称为"新岸"。因为当年离老岸不远处就是滚滚长江的东流水，每天涨朝时期，海水倒灌，经常在狭窄的河口形成风暴潮。根据当年气象，当风暴潮到达浅水域时，水位顷刻间就会骤猛增长，一般高达数米，遂造成海难。通州一带发生大的海难就有三起，元大德五年（1301年）七月暴风，江水溢高四五丈。崇明、通、泰、真州（今仪征）沿江之地漂没庐舍，受灾者三万四千八百余户。另外两起为仁宗皇庆二年（1313年）、惠宗至正元年（1341年）。每遇海难船员九死一生，不少运盐、运粮和运送瓷器等物品的船舶，在此被潮水旋涡卷入，沉入水下。时间一长，在老岸附近，经常能看到一根根桅杆，孤单地立在水面，提醒着后来者，危险即将到来。

　　弹指数百年，沧海变桑田。泥沙慢慢填满桅杆所在河口，成为了良田，而桅杆还矗立在田间，讲述着从前和海浪搏斗的故事。

　　为了保佑来往船只，当地人在十八里河口西北二里许，通扬运河拐弯处东建设了一座关帝庙，名曰"镇海关帝庙"，这也是南通境内少有以"镇海"为名的关帝庙。据说，此庙建成后，镇住庙前运河中深潭恶龙，不让其兴风作浪，让静海（南通的别称）安静，不发洪水。

　　镇海关庙的始建时间已无从知晓，1922年乡贤主持重修时，在原殿的中梁上还见有墨笔题记，写着"大清嘉庆二年岁次丁巳，顾元茂统子舜华重修，王松岳助钱二十万文，住持陈……"等字；庙神龛前还有一块文曰"浩然正气"的旧匾，其款为"同治四年巧月，严渭重修"。由此可知此庙在嘉庆和同治年间至少曾有过两次修葺。张謇曾为该庙题联:"在河之湄,风马云车神暂住;配天以汉,村翁水鹤祭同来。"

1922年后,该庙已经成为南通当地的一个风景观光之处、文士雅集之所。1933年,费范九请寓通的丹徒画家吕海岑绘《南通平潮市风景图册》,所选十景,镇海关帝庙乃居其一。费范九还利用其广泛的交游,邀请师友为庙的落成题写诗文,并在此基础上编印成《南通河口关壮缪庙志》,为此庙保留下比较详实而丰富的资料。由于当年庙貌一新而声誉鹊起,此后则时有文人雅士相约前往览胜,甚至夏初的品尝新豆、冷饤,中秋的赏月,几乎都成为常年的节目;而文士雅客的参与,无疑也增进了该

重修镇海关帝庙志碑石(1922年)

庙的文化内涵。

时至今日,再次重修镇海关帝庙的呼声络绎不绝,无论重修与否,镇海关帝庙作为南通当年盐运、漕运、海运三种文化的碰撞点,还在历史的长河中继续闪烁。

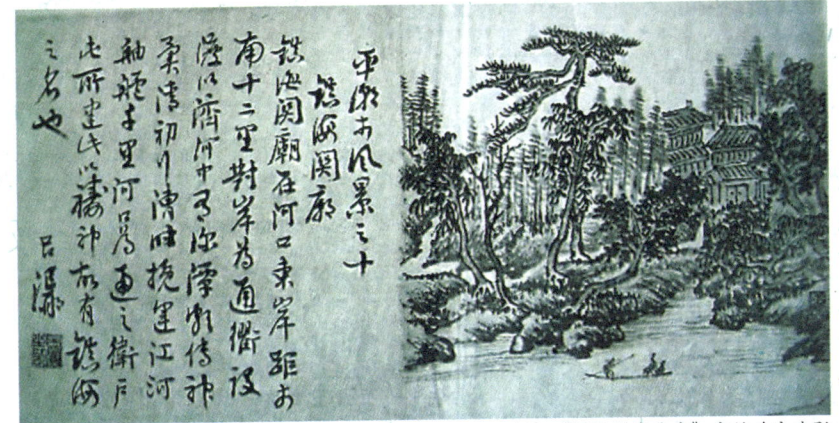

河口《镇海关帝庙志》中的关庙造影

白龙庙：
一条小白龙，在这里等你

　　港闸区兴港路和深南路之间的一段港闸路，蜿蜒曲深，曲径悠长。作为江苏第一条公路，港闸路已经从干道变为了一条有历史记忆的小道，只有路边沿河那粗壮的杨柳，见证着这条百年公路仍在为民服务。在港闸路的南侧，一个名为白龙湖的公园建成并对外开放。那小桥流水、杨柳依依，在落日的余晖下，向后代说着那流传了千年的故事，那个白龙念母的故事。

　　传说古时，唐闸北乡农户有个女人，虽生于贫寒之家，却天生丽质。一日夏夜天气酷热，她露天仰卧于院内，适巧风流多情的白龙洒夜露过此，俯见美女怦然心动，便缩身隐形与女子梦中欢会，致使她受孕。此农女腹部渐隆，遭人非议，又不好向父母诉说梦中与龙太子幽会情景。到临产之时，该女腹部剧痛欲裂，一条小白龙从母亲的左腋下破肋而出，小白龙眼睁睁见母亲躺在血泊之中，其魂悠悠而去，小白龙悲哭欲绝，就地打滚以表悲哀，将平地滚起了一条坑，拜别生母，呼啸着腾空而去。

小白龙打滚的母难之地，成了传说中的龙潭，头东尾西长达一里许，酷似龙形，腹部深不见底，传说通到海龙宫。以后，人们建庙祭祀白龙娘娘。

为纪念白龙，人们在明洪武元年（1368年）为白龙建庙，祭祀白龙娘娘，感念小白龙孝义。到明崇祯年间，崇祯帝下旨敕建，并敕封为"嘉宁观"。

据老人回忆，老白龙庙占地6000多平方米（近10亩），坐北朝南，以大殿为轴心，按明朝建筑风格为三进四合院格局，正殿宽14米、深16米。大殿飞檐翘角，青灰筒瓦，宏伟庄严。其建有都天堂、灵官殿、吕祖阁及东西厢房，共有房舍52间。大殿前有古银杏树一株，并有焚香炉、八角亭点缀其间。大门前有青石坐狮一对，威猛雄健。

白龙庙旁的白龙湖公园，已成市民休闲娱乐好去处

庙前有宽阔的广场、旗杆，风貌独特，气势非凡。

庙内供奉白龙母子以及观音、都天、吕祖、灵官、财神等神像，香火旺盛，庄严肃穆。

白龙庙在南通颇有地位，是南通城九庙十三观之一。抗日战争时期，南通的地下党组织，还将白龙庙作地下接头地点，在此秘密开会、组织罢工、躲避日伪特务。

民间传言，孝顺的小白龙每年都在出生的时辰"回乡"祭望生母。然而小白龙的孝顺之举，却给当地老百姓带来了风雨灾害。后经夜游神转告小白龙，小白龙为自己的行为过错悔恨不已。从此不再飞临"母难地"，只在空中遥祭，再未造成灾难。

龙潭：
荷花犹在，只等白龙腾飞

说起南通城内的大小公园，数不胜数，但说起南通城内能够观赏荷花的公园，两只手都能数过来。除了市区内西公园、濠河、啬园等传统公园外，在港闸区内龙潭公园的荷花池，是夏日赏荷的一个好去处。

在龙潭公园附近，还有龙潭福里、龙潭村等等，名曰"龙潭"，必和"龙"有关。根据走访当地老人得知，很早以前，龙潭公园所在地的住宅旁，圩塘几乎与江河平行，也有人称之为"潭"。加上四条通江水道穿流其间，每家每户不是门前有港，就是屋后有河，不然便是四周围着"园沟"。

港闸经济开发区所在地在古时，以水而出名，一排排圩塘四周环河，永兴河、芦泾河、港闸河和九里港贯穿其间。百姓在生活中对这些水乡圩塘的便称，慢慢成了当地的地名。其中龙潭所在地就是指一片称为殷保圩的地方，这里是港闸前身之一，复兴沙的48个圩地名之一。

至于位于殷保圩的龙潭，号称纵横数十亩。民间传说这个龙潭和附近的白龙三圩、白龙四圩、凌家湾这些都与白龙和凌氏女结缘的传说有关。其实经过调查，当年的龙潭其实是龙卷风"落脚"的地方，因为百姓认为龙卷风是白龙显圣，所以谓之"龙潭"。

说起龙潭，不能不提及当地的顾姓家族。作为从苏州武陵堂迁来的顾氏一族，其中一支聚居在龙潭村、白龙庙村和国庆村处，很早就成为港闸地区的著名家族之一。

明嘉靖十六年（1537年），顾养谦生于通城。28岁成为嘉靖朝进士，历任广东参议、云南佥事、浙江参议等职，是明朝第二十任蓟辽总督。

顾养谦一生富含传奇色彩。据传他曾"捕黠鼠千余，以兵法部署之，鼠竟不敢逸"。他南征北战30年，先后在福建平叛、广东擒山寇、浙江平变，在辽东期间更是战功赫赫。

据史料记载，顾养谦长年在外，却时刻牵挂家乡。平日的官俸赏常分散给乡党及四方知交。"万历三年（1575年），顾氏（顾养谦）回通见狼山浮屠尽毁，金刚殿没入于江，遂商请官吏重建；又见家乡郡志久讹，乃言于郡守，聘山人沈明臣、朱当世纂修。"

今日的龙潭，除当年的河港还依稀可辨外，水乡圩塘已经不复存在，各类企业和住宅小区在此地拔地而起。只有龙潭公园的荷花池，仍保留着幽深潭水，似乎等待着另一条白龙从这里腾飞。

夏日的龙潭公园

高店：
此处繁荣从路边小店开始

在今天的南通城市版图上，港闸市北新城核心区域，已经是市区的第三大CBD。万象、万科、圆融、绿城，多家地产大鳄、综合体翘楚，在这里扎根、从这里发展。这里有个地名自古延续下来，名叫高店。

高店的由来，最早可追溯至明朝洪武年间。那时的高店，只是通州城向北的一条交通要道上的一个点，周边只有农田，并无大片住房。到清朝末期，这里出现少量民居，在土路旁相继建房。据南通城的老人回忆，当年这些住家里，有一位高姓大户，在附近建了一个园子，并在周围集

中了二十几家高姓同族人居住。久而久之，当地人将这片聚居区称为高家园子。后来，高家园子的主人临路开了一间杂货店，生意还不错。来往的人到店买酒买烟，这片店也就远近闻名。人们将这块地方称为高家店，简称高店。

摄影师在同一地点拍摄的高店变迁图。上图(2011年)、下图(2015年)。

CBD选址,不但要人口密集,还要交通四通八达。市北新城的CBD选址高店,既有现实要求,更有历史传承。

高店处于通城北部,是南通前往北部村镇的必经之路。在1949年前,百姓外出都是徒步,只有达官显贵才坐车坐轿。很多百姓从南通城出发向北,总是在高店小憩后,才继续赶路。久而久之,看到商机的商人,在高店沿路两边,开设商店店铺,方便沿路百姓和周边的农民,高店也渐渐成为南通城北部的一个小市集。

新中国成立后,横穿高店的马路越修越宽,两边的民居也越聚越多,小小集市周边的居民区,也慢慢连成了片。1985年,外环北路通车,该道路在高店的路口瞬间增加人流和车流。在那个年代,"高店路口"不仅仅是地名,还是南通当年的一个小地标。

道路相交带来的人员密集,让高店慢慢产生了地域文化。就在1985年那年,后来全市闻名的猫儿胡子羊肉店的前身通车饭店在高店路口开张,经过多年经营,在高店聚集了一批做羊肉的好店家。高店羊肉和芦泾港猪头肉、唐闸牛肉成为百姓餐桌上的三个地标品牌。直至今日,高店羊肉仍是高店地区一些餐饮店的招牌菜肴,吸引着八方来客。

21世纪初,南通城市建设日新月异,通宁大道高架和江海大道高架在高店相交,高店又成为南通城的一个交通枢纽。市北新城的初具规模,让高店更加现代化,也更加多元。时至今日,高店虽已经成为老南通的一个记忆、一个符号,但这片土地,从交通发达,到餐饮创新、到百花齐放,不变的是传承、不变的是向前发展的初心。

十里坊：
始于距通十里，终为热闹之地

在古代，出远门可是件大事。南通当地的秀才们要去省城考举人，就算乘坐官方车辆，都要提前一个月准备出行，至于出远门走亲戚的百姓，则耗时更长。所以，在古代通州城（南通市区）周边，都有很多落脚休息之处。位于港闸地区的十里坊，就是让百姓歇脚的小集镇。

起初，十里坊并不叫此名，也无明确叫法。为何在此设立集镇？只因此处距离通州城正好10里，正是赶路的百姓须歇脚的距离。同时，官方还在这里设置了一个通邮的驿站，驿站附近还有一片殡葬墓群，曾葬过明嘉靖进士、蓟辽总督、兵部尚书顾养谦的后裔等当地望族，所以时常有人往来。加上后来此地一座关帝庙香火颇盛，一来二去，这个没有地名的小地方成为百姓沿途流动的集散地，有了生活气息。

清末民初，因民族资本的崛起，唐闸地区手工业开始繁荣。在此地附近的运河两侧，染坊、磨坊、粉坊、油坊、碾坊等各种民间作坊应运而生，人们就按照这里

过去的十里坊渡口已经被宽阔的十里坊大桥代替

距通州城十里的特点,定下了十里坊的名称。

其实在清代以前,十里坊之处周围一片芦苇荡,只有河对岸的南市街,因一段是古官道,直达扬州府,较为繁荣。在关帝庙建成后,十里坊沿河岸有了很多肉铺、茶馆和酒店,形成了一个小小集市。虽为集市,却日中为市,午后就无人问津。清末张謇在河对岸办起各种工厂后,在十里坊的河东人每日从渡口前往河西做工,下班后回河东生活。几月后,河东店铺林立,热闹非凡。每当夜幕降临后,几家商铺生意兴旺,饭店菜馆高朋满座,一派乡村小集市夜市风光。人称当年的唐闸为"小上海",与运河两岸入夜后仍能生意繁忙、歌舞喧嚣不无关系。

1909年,当地人江德纯借用十里坊的关帝庙创办私立学校,一个复式班招收几十名学生,由一名教师教学。当地人因学校设在十里坊,索性称之为十里坊小学。

当年运河东岸十里坊的繁华并没有维持很久。1938年,为了报复游击队的袭击、加强唐闸地区的防御,侵华日军一把火将唐闸河东裕稚港到城区边缘猫儿桥的房屋烧个精光,十里坊的商户都未能幸免。

关帝庙观音堂也被烧毁,学校被迫停办,2000余间房屋不到一天全部化为灰烬。

新中国成立后,政府在十里坊建设了十多家工厂。改革开放后,十里坊沿河一片,又逐渐有了生机。各种工厂、店铺相继建成,超市饭店也人气聚集,慢慢有了当年"小上海"运河东岸的繁华。太阳落山后,十里坊的地界上,再也不只有头顶上的那片闪闪星光,这里每日都可高朋满座、杯觥交错,这里的羊肉,也成了南通的一绝。

十里坊几度繁兴的历程,在漫漫历史长河中只不过是流星一瞬。今天的十里坊,住宅、厂区遍布全境,这地界终归是热闹的。

芦泾港：
从江边渔火到万家灯火

芦泾港古港花都公园

芦泾港猪头肉是上了年纪的老南通人下酒的好菜。在南通要吃猪头肉，特考究要有"芦泾港"三字，仿佛没有这三字的猪头肉就没有了灵魂，更遑论好吃与否。

芦泾港，顾名思义，必和芦苇有关。据古书记载，该港原叫芦苇港，不知哪一年乡绅将地名错写成"芦茎港"，港闸人觉得，"芦茎"不过是"芦苇秆"，并不能体现该地滨江临水的特色，遂改为"芦泾港"。

据历史记载，芦泾很早就和长江对岸的十一圩（今张家港）有渡船往来，直接通航。至清朝光绪九年（1883年），当时的招商局怡和轮以及英商太古轮、北京轮、上海轮等，就在芦泾港附近江心抛锚，上下旅客。光绪二十四年（1898年），《长江通商章程》将芦泾港列为轮船上下旅客处，在港口设置"洋棚"，作为港口的初步管理机构。在天生港码头未建时，芦泾港是南通沿江港口的重要交通枢纽。至1928年，当时的国民政府在芦泾港停泊军舰，强令商船不得入内，芦泾港才退出专营出口、通航的历史舞台。

虽然这样，但是芦泾港一带，直至民国都十分繁荣。当年长江刀鱼、鲥鱼、凤尾鱼数量丰富,吸引了很多渔民。芦泾港一带不但适合渔船停泊,还有专门的市场让渔民销售渔获,吸引了很多渔民前来交易,一度还成为长江轮船公司大量采购渔产的目的地。

据史料记载,芦泾港在通航的历史上,虽未有停泊码头,但是由于客流稳定,芦泾港沿堤店铺林立,茶馆旅社紧紧相连,落日后灯火辉煌,一片繁荣。芦泾港北侧土坡堤下,曾有一条丁字形对合的鹅卵石街,蓬屋相连。数家鱼行,十多家鱼贩子就聚集在此。

老人回忆,当年的芦泾港,每日夕阳下,江面上白帆点点,船墙林立,捕鱼渔船一字儿排开。那时小镇上除了鱼行、酒肆之外,还有数十家店铺,张家羊肉店,周春泰、陶老野的粮食行,石家的榨油坊,杨家的圆子店,赵家的"半部堂"药房,尹家的赌场,单家的茶馆和区家的百货店等等。民国人士陈翰珍在他的著作《二十年来之南通》中曾写道:"天生港、芦泾港、小任港俱为沿江三码头,相距各五六里,在马路里内港、岸外外港停靠轮船,直通沪、宁、苏、锡、常,内港靠内河民船。"

可惜如此的江边渔火,全毁在抗战期间日寇上岸时的一把大火里。只留下芦泾港一片流传的一首诗:

"明月清商遍缥莎,临风不忍听渔歌。回首旧月春耕地,唯有青帆汛夕歌。"

20世纪80年代后,这曾经的江枫渔火之处,已是万丈高楼平地起。芦泾渔民的后代,和四面八方前来建设的人们,用万家灯火,延续着芦泾渔火,代代相传。

位于芦泾港的保坍会旧址

创业之初的通燧公司

通燧街：
一根火柴点亮一条街

在清末民初，物资的匮乏让现代人难以想象。一些南通本地人需要燃柴煮饭，只能用火刀击石取火，十分不便。当年一根小小火柴，因无法自制，需要从国外进口，所以被冠以"洋火"的别称，而且价格昂贵。

1915年，张謇委托当时上海燮昌火柴厂年仅29岁的火柴工程师杨忠义负责全套工艺生产流程，并邀请德国技师齐克菲共同参与，在南通筹建火柴厂。

在厂房选址时，张謇发现天生港紧靠江边，水源充足，万一失火可快速救援，附近还有码头可运送木材和产品，再加上当时南通地区沿江多栽种白心杨，正好作为火柴梗的原料，所以将火柴厂放在天生港天生桥东侧的一块空地上。

火柴厂投产后，为产品取名，张謇举棋不定。相传，当时他前往垦区考察棉花生长情况，夜宿农家。农家人为招待状元公，取茶烧水，却数次点火点不着。在当天的睡梦中，张謇梦到燧人氏对他说，"你为南通父老做了一件好事，特向你致意。"张謇惊醒，旋即写下"通遂"二字。至此，该火柴厂就被命名为通燧火柴厂。这虽是传说，通燧既有南通的燧人氏之意，又含通达顺遂的愿望，确实是个不错的名字。

不用多久，火柴厂名气越来越大，火柴厂旁的一条三四百米的小街，就改名为通燧街。

在1949年前，通燧火柴厂曾生产过好多品牌的火柴，"山塔""古钱""狼山""长江"等品牌的火柴，不但好用，还远销浙江、安徽、江西等地。新中国成立后，在杨忠义质量上的严格把关下，通燧火柴厂火柴头的抗潮率等指标多年全国领先，获得全国质量第一。该厂的老劳模王扣珍还练成了手抓百根火柴正误率不超过3根的绝活。

在天生港，天生桥东侧的通燧街原本并不繁华，和桥西的泽生街相比，相差甚远。在通燧火柴厂建成后，通燧街上逐渐有了店铺，例如陶三姑娘的报货点、蒋家茶食坊、陆胖子面馆、袁家修钟表店以及一些摆卖火柴、肥皂、香烟的小店铺，专为火柴厂的工人们服务。每逢晚市，通燧路上陈麻子酒店人来人往，好不热闹。一些商人发现此处商机好，还在通燧路上专门设立大戏院，后改名为"滨江剧场"，服务周围的市民。

也正因为通燧街的繁华，造就天生港天生桥两侧，一边是泽生街的店铺林立，一边是通燧街的歌声笑语。

时至今日，通燧火柴厂原址早已被划入天生港电厂厂区，通燧路也从繁华小街变成天生港的一条普通的通勤道路。路边的店铺也由于天生港电厂的扩张，一一搬迁。但是我们还是能从天生桥东侧的这条蜿蜒小径两边，找到当年繁华的痕迹，它无时无刻不在向路过的人们，诉说着自己当年为民族工业、百姓生活作出过的贡献。

TIPS 火柴贴画在收藏界有个雅称叫"火花"，通燧火柴厂的火花自问世起，数十年中推出无数精品，一直被收藏者热捧。从早期的"古钱""狼山"等系列，到20世纪80年代的"十八高僧""敦煌壁画"等艺术类火花，都是收藏市场的珍品。

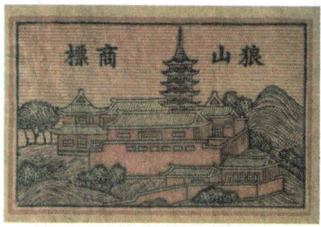

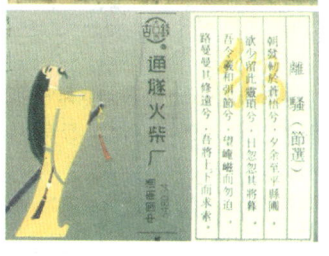

陈家榨：
清末就是"商业街"

　　2005年7月1日，宁启铁路一期工程通扬段开通客运业务。每天，都有多辆列车从南通站出发，驶向远方。也就是在那一天，很多南通人奔走相告：我们可以在家门口乘火车了。

　　在南通的历史上，道路一直伴随着南通的发展。每天，在列车刚刚离开南通站时，都能在铁道的东侧，看见一条繁华商业街。如果天气晴好，站在这条街向南望去，就会依次看到在一条直线上的钟楼、狼山。这条现名为通刘路的商业街，在南通城南北中轴线向北的延长线上，而这条

陈家榨作坊曾远近闻名

道路所在的地方,在旧时名叫陈家榨。

由于地处长三角北侧末梢,向北的交通,在古代一直是南通的命脉。南通的很多集镇,都和陆路、水路交通有关。作为南通城向北通行的要道之一,因不是官道,陈家榨的繁华,在清朝才慢慢有所体现。

清朝末期,西洋的机器开始在国内普及,工业化生产的魅力,不单单是特有的轰鸣声,远超人力的效率是更震惊了闭关锁国的国人。当年一位名叫陈嘉琪的商人,在陈家榨开起了油坊,用石磨、油榔头打油。国外打油机械被引入国内后,陈嘉琪开始使用柴油机、榨油机碾黄豆、榨油。在当时,南通城只有唐闸和陈家榨两家有机械榨油,南通城内都不曾见到。所以陈家油榨在当时的南通声名鹊起,他的油坊门前的道路,就被称之为"陈家榨"。

在陈家榨,除了陈嘉琪经营油坊外,他的几个兄弟还经营着白酒坊、糟坊等实业。因为陈家兄弟属于开明实业家,所以对于西洋技术并不反感。

陈姓兄弟们在陈家榨落脚后，陈嘉琪的兄弟陈玉书的四个儿子上了大学，开始利用自己学习的先进技术为父亲的白酒坊开展研究。1927年，陈玉书在陈家榨创办了"玉昌鼎"白酒坊，通过自己的儿子和聘请的两位技术人员，专门研制了一款健身酒。据史料记载，这款健身酒采用山西汾酒的做曲法，加上谷雨前的茵陈入酒，深得周围百姓青睐。

在陈家兄弟的各式作坊的带领下，陈家榨在抗日战争前夕成为南通城北有名的集镇，各式各样的小店遍布其中。因为陈家榨作坊多、商品相好，很多南通城内的市民，在闲暇时纷纷前往该地"赶集"，采购踏青。陈家榨一度人来人往，好不热闹。

抗日战争期间，陈家榨的居民们支前抗日，十分踊跃。陈嘉琪兄弟的儿子陈子湛为了响应党的号召，瞒着他的父亲，将家中田契偷出卖掉，并将卖田所得，交给抗日部队购买枪支弹药，一度传为佳话。

当年陈家榨的近旁，如今是热闹的南通火车站

新中国成立后,南通各地均开展交通建设,虽然在1985年建设的通刘公路横穿陈家榨,但是这里已经不是南通城向北交通的必经之路了。陈家榨一带虽然仍店铺林立,但少有南通人来此"赶集"。

20世纪后,大量的商品住宅在陈家榨的周边拔地而起,人气的集聚让久违的商业氛围又红火起来。虽然现在的年轻人,很多都没有听说过陈家榨,但是在这片土地上,红火起来的商业氛围,又回到甚至超过了它百年前的那一刻辉煌。

五里树：
这里有个百姓的"大客厅"

五里树地处通刘河两岸，古代时是一条运盐河。五里树自古就是一个水陆交通中心，西通平潮，东达陈家榨，南及唐家闸，往北可至刘桥。

五里树这个地名，起初是叫作"五里墅"。相传清朝嘉庆年间，在此地有一武秀才，家财万贯，其家房基高、屋宇大，五里之外就能望见。于是这地方有了"五里墅"的雅称。后来，其家逐渐衰落，房屋倒塌，在其宅基地上长出一颗乌桕树，高大茂盛，据说五里之外也能望见。于是此地又称"五里树"。在现在五里树公园内亲子广场上，还可以看见后人用现在材质建成了一棵"粗壮大树"。

在古时，有人即有庙，五里树这一带也不例外。早在明仁宗年间，五里树附近就建成了一座祖师殿，占地面积近3000平方米，是方圆百里内历史最长、范围最大的道观。新中国成立后，党和政府为工农子女办学，因缺少教室，开始借庙宇上课。1952年，老师和学生们将学校搬至祖师殿，将这里改名为五里树小学。

清末民初，五里树成为陈桥地区有名的集镇，各种店铺也逐渐多了起来。其中五里树镇子中的空地，成了百姓乘凉搭台唱戏的地方。据还记事的老人讲，这里当年演的木偶戏，如《跳加官》《庵堂相会》《桃园三结义》等很受欢迎，附近的百姓都会赶过来看戏。新世纪，政府在新建五里树公园时，将当地群众看戏的传统保留

了下来。如果你流连在公园内，会发现公园的中心位置有一个"群乐汇大舞台"。经常有一些民间团体登台亮相，丰富周边群众的业余生活。

时至今日，五里树社区已经成为陈桥街道的一片崭新天地。作为港闸首座农民公园的五里树公园，被附近的老百姓亲切地称为"我们的客厅"。周边有12个拆迁安置小区、7000户共计2万余位居民，公园成了他们休闲健身的好场地。公园内拂絮桥、垂影桥、相树桥、梓木桥、霜红桥五座长短不一的桥，将被水系分割的园子连成一个整体。流连于此，满目碧水萦绕、林木苍秀，令人顿觉神清气爽。

名列扬州八怪之一的李方膺是南通人，他的墓就在陈桥境内五里树附近。南通人不会忘记这位令郑板桥、袁枚等大家引为知己的书画大师，据悉，未来的五里树公园内，将建设李方膺的纪念馆，让这位本地名人的光辉，继续照拂家乡。

在五里树公园"群乐汇大舞台"对面的凉亭内，运河文化、盐文化的浮雕向每一位前来游览的市民，述说着这里古老的历史。

五里树公园

八里庙：古亭河畔老地标

"一人巷，二沟头，三里墩，四步井，五步桥，陆洪闸，七佛殿，八里庙，九华山，十里坊。"

这是在南通民间流传的一首民谣，说的是本地老地名。其中的八里庙，为何称之为"八里"？是因为它距离当年南通城中心附近的老城隍庙，路程有八里。

说起八里庙，不能不说古亭河。老人讲八里庙和古亭河是先有庙，后有河。当年八里庙所在地秦灶，是一个以煮盐为业的村落。到了宋代，因为海水退去，在秦灶东边，又增加了西亭场、唐洪灶、黑鹿灶等煮盐集散地。为了将盐运往南通，当地民众就开凿运盐河。

宋朝初年，距离南通城隍庙十里处的运盐河胖子渡旁有座亭子，历经宋元两个朝代仍屹立不倒，所以附近百姓就将附近的运盐河称为古亭河。因为南通东北方均为水乡，陆路交通不便，所以当年古亭河是大宗物资运输的黄金水道，河面宽达60米，十分繁华。每天南来北往的船只川流不息，船工背纤的号子此起彼伏。

据记载，当年在从南通东门向北的古亭河经过八里庙这一地段时，庙的位置正好在河中间。因为当时人们对神灵极为敬畏，不敢为凿河而迁庙，就在庙前100米处向东转弯，绕庙东侧，在庙后100米处仍回到原来勘定的路线，河道形成弧形。古亭河凿成后，船行河中，远远望去，庙就在河中间。

就这样，这座始建于唐朝末期、距

今有1100多年历史的土地庙，因成为当年古亭河沿途的一个地标，名气越来越大。

虽然八里庙名气大，可是庙并不大，只有一间两进代的房子。庙里供奉土地公、土地婆、眼光神、痧神、痘神、火星菩萨和雷公闪婆八尊神像。八里庙小归小，但建造非常精致，屋面是姜黄色的琉璃瓦，向四边叉开的两层八个发角，上层发角短小，下层发角大长，超出墙体有8尺余，庙墙里面是白色，外面是火黄色。每年正月十二上灯到正月廿三落灯，八方信众都慕名而来，为小庙增添香火。相传抗日战争时期，侵华日军来到南通时，听说城外有座八里庙，以为是面积达八里的大庙，寻遍南通也没有找到。

八里庙和古亭河，都历经千年，已经过无数次修缮和疏浚，见证了南通地区运河文化的变迁。1958年，八里庙被拆除。1966年英雄竖河开挖，通过古亭河的船大不如前。1975年通吕运河拓宽，将挖出的泥土全部填埋至古亭河，使得一些河道被土填平。

时至今日，在秦灶李观堂桥，可以看到桥下一条不足20米宽的河沟，这就是原古亭河的遗痕了。而当年的"八里庙"，还是能寻到踪影，当地近年来重修了八里庙老年活动中心，里面可以看到八里庙的匾额。除此外，当地还有一家八里庙农贸市场。当年的那座老庙已成回忆，只有在代代相传的民谣中，才能找到它那曾经广为人知的过去。

汤家巷：
拾起一段唐闸记忆

　　探访这段唐闸记忆的时间在2017年春天，那一年，唐闸老镇正在"整容"，包括汤家巷在内的老房子经过修整，即将向世人展现其世纪风情。

　　时年97岁的汤婉如是这里最年长的老人。比老人更老的，是这条她从小居住的巷子——汤家巷，青石板路和民间小楼充满了绵长的典故。

　　汤家巷坐落于通扬运河与闸港河桥交汇的河湾处，建于清末民初，以此为中心的民居有近200间。当年，一家汤姓大户落户于此，从此这条巷子便以他们家族的姓来命名。汤婉如便是这位汤家大户的后辈。

　　汤家大宅是一座占地300多平方米的二进四合院。坐落在最西边的是六间店面房，面朝河东路，通扬运河就在宅院门前缓缓流过。

50年代，汤婉如的儿子顾培基在敬孺中学念初中，讲台上教他们语文的老师正是闵仲辉。

一条街的热闹情景还停留在老人的记忆里，早些年的时候，汤家巷云集了各种各样的商人。沿街的一面是商铺，后面便是他们自己的住所。最南边是陆家的"万盛新"杂货店。陆家曾借闵仲辉的空宅做生意，当闵仲辉留美回国后，陆家又搬到离闵宅北数十公里的地方。除了经营茶叶、香菇、木耳、香蜡烛、麻纸之类，陆家还自设作坊做脆饼、麻糕等茶食。

"万盛新"杂货店对面正好对着大生纱厂一厂，每到下班之际，就有大批工人蜂拥而至，或是买一点茶食垫垫肚子，或是捎点日用品回家，货物常常供不应求。

在陆家的南边是张家的漕坊。当年唐闸街上的酒店很多，来唐闸的船工，乡下进城的渔民、农民都要进店喝酒，许多酒店便会来张家批酒。汤婉如的一家并没有喝酒的习惯，但她却记得闻作坊里传来的阵阵酒香。

除此以外，这条街上还有着其他各种各样的店铺：开钢行的李家总是从宜兴将钢运回来，他们家的品种齐全得很；卖布的罗家住在河东，但是店却开在河西，每天店主罗坤生都要来来回回地跑上好几趟；还有成进之开的小客栈、路兴泰开的陶器店……

与汤家巷隔河相望的地方，是大生码头，汤婉如恰好出生在大生纱厂的黄金时期。

在老人的记忆里，闵家一直是绕不过去的汤家巷名门。清末民初之际，闵氏来到唐闸，开设了油坊，将生意越做越大，闻名全镇。和丰油厂、广生油厂都有闵仲辉的股份。"他之前去美国留学的，是唐闸地区早期的留学生。就住在唐闸河东街公园路口的那座三层小楼里。"20世纪那时的汤家巷，真是热闹啊。

从汤家大院的北门出来，过一条河就可以到达另一个院子——顾启明故居。

20世纪30年代，当汤婉如还是少女的时候，她亲眼看着顾家大院在自己家后面一点点地拔地而起。

以一进三堂为结构的顾家大院，座北朝南，四周房屋清水砖墙围成一圈，组成高大的围墙。院中以女儿墙分隔，大院被分为东西两宅院，各自系统。这种一院二宅的结构在唐闸地区绝无仅有，成为顾家独有的特色。

这个院子的主人顾启明是通州师范的第一届毕业生，因为成绩优异，便留校当了历史老师。抗战期间，顾家大院被日寇占领，成了日军的驻兵之所。至今，顾家门堂院墙上还留有凿洞架设机枪的旧痕。

听闻日军到来，汤婉如一家速速离开汤家大院，回到乡下去避难了。

几年之后，汤婉如重新回到汤家大院。22岁那年，汤婉如嫁到顾家，新郎就是顾启明的儿子顾仪。原来，汤家跟顾家本身就有连襟关系，汤婉如和顾仪又是青梅竹马的一对。

那时，22岁的顾仪刚刚开始上班。他从生活商业学校毕业，念的是商业簿记，是那里的第三届毕业生。这所学校也是唐闸镇繁荣的产物。1936年李云良在此创办并担任校长。这位著名的乡绅担任过大生董事会董事，新中国成立以后成为全国政协委员。

顾仪以第二名的成绩毕业后，被李云良推荐到河对面那家著名的大达内河轮船公司。

20世纪40年代，轮船从南通天生港码头出发，穿过长江口到上海，需要8到10个小时。顾仪第一次去上海，近十小时的颠簸，让他既疲惫又兴奋。他工作的地方在上海外滩附近，如今是上海最繁盛的地方。

顾仪在上海待了十几年，每到节假日他都会回家。顾仪不在的日子里，汤婉如的主要工作就是在家务农。顾仪的姥爷曾经中过清朝的探花，当时朝廷还给封了田，从此这块土地就随着顾家世代相传，一直传到二十几岁的汤婉如手中。

1953年，随着"三大改造"的开始，唐闸的许多工厂也如雨后春笋一般冒了出来。五年之后，因工厂招工，汤婉如离开了她耕种多年的土地，在唐闸镇服装厂门市部找到工作，开始了早出晚归的生活。这份工作她一直干到60岁退休。

汤家巷秋意浓

非遗集市活动让汤家巷人气更旺

而顾仪此前也因身体原因从上海回乡,结束了夫妻分离的状态。

顾仪这一生跟船、跟河似乎都脱离不了关系。小时候生长在通扬运河温暖的柔波里,工作时又在长江边的天生港上走来走去,在上海,他活跃在十六铺的大达码头上。

唐闸镇在这一百多年里也离不开"水"。只是这座滨水而建的小镇,随着水运的衰退,不再是当年的轻工业中心、商埠码头。

为了不让这一段记载中国近代轻工业的历史散佚在遗忘的长河中,2009年,南通市政府开始对唐闸河东传统居民区进行

维护。上海交通大学建筑遗产保护国际研究中心、历史建筑保护勘察设计研究院也对唐闸的居民区进行实地考察、提出保护方案。经过数年的修缮维护,汤家巷民宿休闲区于 2017 年 10 月对外开放。

当时,汤婉如从原来住的地方搬了出来,但她时常会怀念起以前的汤家巷和盛极一时的唐闸镇。

时间又向前迈进了三年,汤家巷的热闹甚至超过了它的全盛时代。三年前的访谈犹在耳畔,当采访者此番托人探寻时,方知两位老人已经先后仙逝,毕竟是高龄老者了。他们的故事已经成为城市记忆中无法抹去的印记。

陈桥的老桥

陈家桥：
难忘当年那座桥

古运盐河通江达海，滔滔流淌了一千多年，原是掘港、栟茶到南通水运的必由之路。其陈桥段将近二十里，古时有渡无桥。

相传清同治年间，武秀才陈泽功骑马回乡，来到邹家渡口。渡工说："我这船渡人不渡马，渡马不渡人。"陈泽功知道他故意刁难，说："我这宝驹无需你的船过河，也能渡人过去。"说着扬鞭跃马，飞越而过。渡工说，"你无此马，谅你插翅难飞。"陈说："无需插翅，三天后我自能过去。"他早就想到"隔河千里远，百姓来往难"，当即就请了匠人，买了木料建了一座七搭高桥，沟通了南北。从此传下来"陈泽功造桥，三天就成功"的佳话。陈家桥由此而来。

刘陈河（1958年开了九圩港，在刘桥处将运盐河切断后，此段更名为刘陈河）宽数十米，过去造座桥也确实不容易。陈家桥桥下的这一段水面，宽不足十米，一到汛期，水流湍急，连"机器快"过桥时，都必须开足马力，冒着黑烟，尾舵下泛起裹着贝壳砖屑的浪花。同时，船工还要用竹篙帮撑，才能勉强通过。帆船过桥就更难了，因为桥两边人家枕河而居，没有纤路，大潮时光凭本船的船工无法顶水而上，只好结对同行，相互帮忙。船上左右三四根带转矛的竹篙，有时一根竹篙上两个人，双脚抵死在船楞上，屁股几乎坐在船帮上，铆足了劲地往前撑行。有时还有人在桥两边的水塌子上用纤绳牵引。可见逆水行舟的艰难。顺水时，不用人撑，一人在船尾全神贯注把着舵,另一人手持竹篙,犹如一员大将,伫立船头,密切注视着船的动向,轻点着两岸的石驳和桥桩,顺流而下,一会儿就过了桥。

可能水流湍急,利于河蟹生长,陈桥的蟹名声在外,上过报刊、在上海十六铺挂过牌。

陈家桥下船难上,上车难行。过去,为了便于有桅子的帆船通过,老桥造得很高,当中一搭与西岸民房的屋脊几乎持平。桥北就是店铺,到桥无法延伸,所以,桥的坡度很陡。上了年纪的要借助栏杆上下桥。西边的铁栏杆被行人摸得精光锃亮的。起先当中也没有车道,一愣一愣的,独轮推车重载,必须把货物卸下来搬过去,然后空车过桥。新中国成立前,年久失修,桥面上大洞连小洞。桥桩水下部分也破烂不堪。人们走在上面摇摇晃晃,提心吊胆,每逢下雪结冰,大桥上必滑的。

新中国成立后,人民政府就对陈家桥进行了改造重建,两边实地用砖石砌成桥墩,四面浇上水泥。扩宽了桥面,改矮了桥身,中间虽然没了车道,但是桥的坡度仍然很大,经常发生自行车冲进店家的事故。后来改造过多次,过桥还是不通畅。直到21世纪初,乡政府在老桥位置建造了一座能通过小汽车的钢筋混凝土结构的平桥。通车那天,河北面的住户自发地放起鞭炮,庆贺圆了多年的梦。

老桥夏天的故事最多。桥再高,调皮的伢儿还是敢从桥上一个接一个的跳下水。一到夜晚,人们拿着芭蕉扇、扛着板凳,涌到桥上乘凉,连桥栏杆上都坐满了人,哼歌唱戏,说新闻,讲故事……

过去,刘陈河上有三座桥,现仅存五里树桥还在原址。十八里河口的集成桥1961年被大水冲毁。老陈家桥也在万顷良田建设中被拆毁,只留下两头的桥墩。不过在不远处建造了一座公路桥。

现在,刘陈河造了十多座坚固的大桥。连九圩港上、团结河上都造了多座大型桥梁。高速路桥、火车路桥、大型立交桥……陈桥到处是桥,但是,还是那高高的老陈家桥让当地人神魂萦绕!

陈桥五里树公园里的桥

风景独好
——玩转港闸必游景点

最美风景,
就在爱上港闸的人心中

港泊舟楫，闸锁江河。

地处城市之北，坐拥江河之埠，通江达海的港闸曾因工业文明而繁华，又因"年久失修"而斑驳。

20年前的港闸虽然紧邻主城，却是有名的"灯下黑"，以至于人们"宁要城里一张床，不要港闸一间房"。近年来，港闸经济、社会、文化、民生以及生态文明各方面飞跃发展，城市面貌和城市品位发生了翻天覆地的变化，现代化建设成就如长江浪花般不断涌现，原先落后闭塞的郊区蝶变为高楼林立、大桥纵横，时尚、现代、科技的市北新城。

随着开发保护力度的不断加大，一些凝聚着老港闸浓厚历史感和文化特色的老景观重新焕发生机，一批充满着浓厚时代气息，承载着新港闸、新市北美好未来的现代新景观相继涌现，成为展示港闸现代之美和城市文明的新标志。

2017年2月，由港闸区委宣传部联手南通报业传媒集团举办的"港闸八景"评选活动揭开了"八景"的盖头，经过层层投票和评选，"港闸八景"新鲜出炉。

榜单如下：

工业遗韵——唐闸古镇系列景点（包括张謇广场、钟楼、大生码头、大达内河轮船公司、红楼、1895文化创意产业园）、**五水商圈**——五水汇（包含万达广场、赛格时代广场）、**普贤梵钟**——普贤寺、**绿意幽谷**——城市绿谷、**昔影菊情**——唐闸公园、**城市脉动**——通吕运河绿廊、**福田胜境**——福田寺、**秘境探险**——南通探险王国。

入选的"港闸八景"提名奖的又是一组"八景":唐闸民居——汤家巷、黄金航道——天生港、市北之光——宝月湖、花木锦绣——古港花都、四海福泽——白龙庙、顶上风光——中国帽饰博物馆、绮园碧秀——五里树公园、腾飞枢纽——南通火车站。

港闸八景,是民选产生的港闸地标,代表的是历史、文化、经历,决定了整个城市的气质。这种气质是不可复制的,成为一个城市的灵魂。也正是从2017年开始,"百年港闸·大美市北"港闸八景系列文化活动应运而生,每年都与市民不见不散。来自市美协、市作协、市书协、市摄影家协会以及来自陕西省宁强县等外地一批又一批的艺术家,走进港闸开展实地采风和艺术创作活动。他们操纵着笔杆和镜头,用敏锐的眼光、独特的视角,把对港

媒体记者参加"追梦港闸·飞阅市北"采风活动

闸的浓浓情感融入心头，在笔墨丹青晕染下，轻触快门"咔嚓"间，宜居宜业的最美港闸形象便跃然纸上。这些作品，呈现的是文艺与现实的深情拥抱，表达的是创作与源泉的完美邂逅，展示的是心灵的共鸣、意境的升华。

文化，彰显着一座城市的综合竞争力。老工厂改建成了文创园区，既保存了工业文明的时代印迹，又增添了时尚元素，吸引了众多爱好艺术的人们；来往于江河的驳轮，保留了运河的生机，在岸边漫长的绿化带，可以透过干净的天际线，看朝阳或者夕阳，跑步或者发呆；宁静的寺庙、丰茂的绿地公园、现代的购物商场、四通八达的交通，一天天使生活更舒适便捷；宜居之外，更多新型的产业依托交通和地域等优势，在港闸落地生根……3年来，作为联结艺术与城市、居民与城市的纽带，"港闸八景"系统展现港闸丰厚人文积淀和建设发展成就，默默讲述着这片土地的前世今生。

文化盛而城市兴，城市兴而文化盛。城市必须有特色，特色即文化，这是城市的名片标识，就像每个人都不一样。说起北京，人们想起故宫；提到巴黎，人们想到埃菲尔铁塔；如今，说到港闸，人们就能说出"港闸八景"。

从壮阔的五水汇聚到璀璨的运河绿廊，从一望无际的葵田花海到悠悠古韵的唐闸老镇，人们按图索骥，追随着八景来到港闸。站在崭新的历史起点，触摸文化惠民、文化兴城的脉搏，港闸正全力巩固经济社会发展的良好态势，拥抱文化事业百花千芳的好风光。可以说，港闸八景，正是港闸办好民生实事的真实写照，也无疑是港闸生态文明建设的自觉实践。十多年港闸的巨变也足以说明，对幸福生活的向往会产生多么强大的驱动力，在时间的版图上、在空间的版图上，一切付出终有收获，美好愿景终成现实。

港闸八景，如同一组清新的市北文化画卷，一笔一画勾勒出港闸的生态之美、人文之秀。无论你赞与不赞，港闸就在这里，不远不近，叫人难以忘怀。而"港闸八景"所留给历史的，不仅是一道风景，更是一段记忆。

其实，大美港闸的佳境又何止八景！在每个对这片热土怀有深深眷恋的人们眼里，港闸处处有情，步步皆景。八景只是个符号，是种泛指，最美的风景，就在爱上港闸的人心中。

港闸夜景

唐闸民族工业风情小镇：
百年前就是"网红"

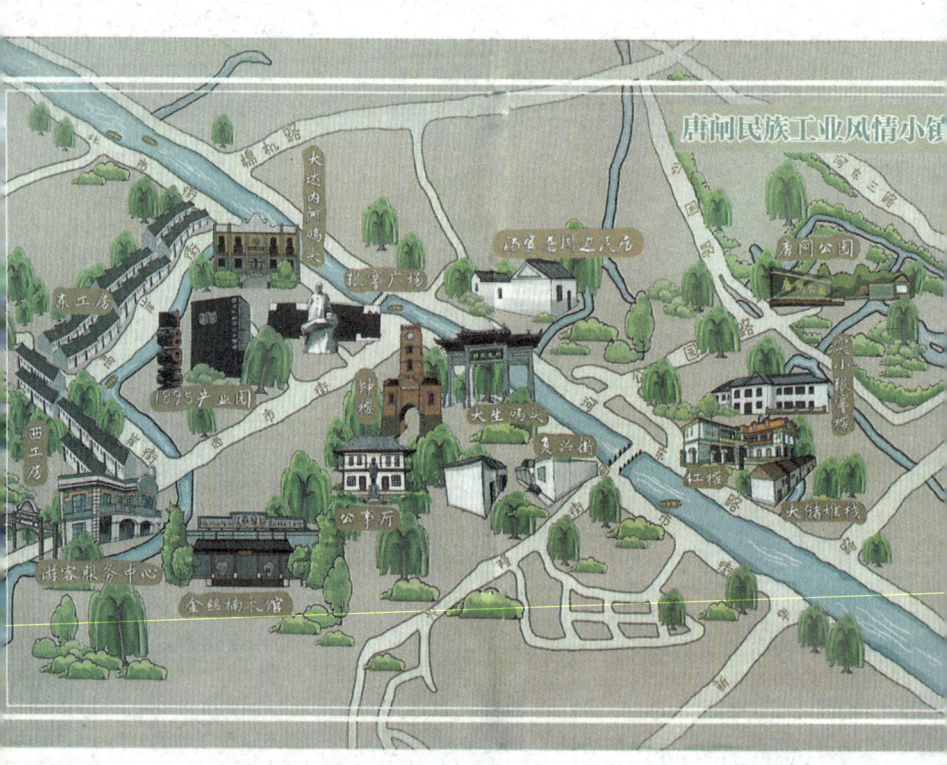

张謇广场

这些年,"小镇"成了一个很潮的词汇,各种花式小镇多如过江之鲫。唐闸,目前的全称是"民族工业风情小镇",可能会被不明真相的外地朋友当成是"小镇"潮里的跟风者。事实上,唐闸在100多年前就是"网红小镇"了,在20世纪20年代国外发行的世界地图里,唐闸镇被赫然标注在长江入海口北岸,当时享有同等待遇的特色小镇,只有大洋彼岸的黄石公园。

说起有来头的老镇,有人又会想起江南那些水乡古镇。唐闸与之相比如何?如果从明成化二十年(1484年)筑唐家闸得名算起,五百多年也有些古意了。古老的通扬运河穿镇而过,两岸人家枕河而居,这份水乡情韵不输给江南。但是,唐闸的硬核绝不止于年份的久远,更在于其近代的风情。

20世纪初,偏居乡野的唐闸一跃成为一座明星城镇,皆因著名实业家、教育家张謇先生在此开创的一方新天地。张謇一生的实业救国之路,以1895年创办大生纱厂为发端,由此树立了我国民族纺织工业的成功典范,他的社会改革蓝图也是以唐闸工业镇为实验基地。张謇时代的历史文化遗产,成为如今唐闸最精华的看点。

外国小姑娘在唐闸体验古老的活字印刷技艺

这里目前保留着钟楼、大生纱厂公事厅等全国文物保护单位5处,省文物保护单位2处,优秀历史建筑11处。小镇因为富集大量的工业遗存,成为世界文化遗产预备名单推荐单位。两院院士吴良镛对于唐闸的定位是,"中国近代工业遗存第一镇"。到唐闸走一走,你能感受到"第一镇"名副其实的气场,也会发现她与众多老镇、小镇相比特立独行的气质。

随着唐闸民族工业风情小镇的倾力打造,这座百年工业老镇重新焕发出迷人风采,也吸引了更多的人关注唐闸、走进唐闸。唐闸系列景点汇集为港闸八景中的"第一景"——工业遗韵。

如今到唐闸,不仅有风景曾谙的亲切,更有焕然一新的惊喜。

初次踏访唐闸的朋友,总会到运河边上的张謇广场打个卡。一个人,一座城,中国民族工业不能忘记的那个人,他的事业和精神留给了这座城。广场侧旁,就是书写了中国近代民族纺织工业传奇的大生纱厂,如今,大生集团的那些百年流水线依然在充满活力地运转着,这是国内工业旅游的一道奇观。建于1905年的大生钟楼是国家级文保单位,大生码头是江苏省最美运河地标之一,这两大景点因为紧挨在一起,在拍摄时总是同框,如今已成双璧。沿着运河而建的"唐闸红楼""大达内河轮船公司"等重要旧址,已升格为江苏省重点文保单位,这些充满近代气息的老建筑,值得去寻梦探幽,走进历史深处。

一条运河,两岸皆景。"汤家巷""新民巷""复兴巷""渡口巷"等历史文化街区,经过修缮已成为全省名城保护示范项目。新修缮或开发的唐闸印象、司园博苑、活字印刷体验馆、水色染坊、柞榛家具博物馆、留韵金丝楠木馆等景点,每一处都别具一格,给你带来不同的小镇新体验。对于吃遍四方的美食爱好者来说,唐闸老镇的江海风味会撩动你的舌尖,西市街美食街区、汤家巷文化街区和景澜·唐闸印象酒店都是极好的去处。文青到了唐闸,必定要逛1895文化创意产业园,这里的老厂房与小清新结合得完美如画,各种世界级的艺术展让人眼界大开。

这几年的唐闸风情小镇越来越热闹了,"从洛桑到北京"世界纤维艺术双年展、世界手工艺术展、"世界旅游小姐走进唐闸"、"汉韵中华·盛世霓裳"汉服文化节等国际性活动,拉近了唐闸与世界的距离。

未来到唐闸,夜色更迷人。唐闸风情小镇正在致力打造"夜唐闸"的品牌,发展集夜色观光、精品购物、文化演艺、餐饮美食、特色住宿等多业态集聚的夜游板块,使唐闸成为名副其实的工业文明活化石、休闲旅游目的地。夜色阑珊,选一处散发着近代风情的民宿,伴着桨声灯影入梦。这样的唐闸,有没有让你动心?

1895 文创园

五水汇：
桨声灯影市北夜

晚上7点，港闸天色渐暗，这一带却渲染出城市的亮点。城闸大桥附近灯火辉煌，沿着江海大道走一走，两侧的奶茶店、烧烤摊、火锅店等店铺热闹非凡。地气、人气、烟火气，让这一街区的夜色生气盎然。

地处主城区之北，哪里可以如此这番生机勃勃？没错，这里就是五水商圈，也是服务西北片区城市副中心的核心区。在"港闸八景"的评选中，"五水商圈"作为一景入选，就是因为它是北城最完整的商业、文化交融区，这里因五水交汇而景色宜人、因商场集聚而成为逛街热地。

2020年3月，根据新的命名方案，五水商圈所在的片区正式定名为"五龙汇"。

五水商圈坐落在五龙汇的核心地带，5分钟可达南通港，8分钟可达火车站，15分钟可达飞机场，即将全方位融入上海一小时经济圈。环顾四周，万达广场等城市综合体日趋成熟；保利香槟国际、高迪晶城等高端住宅小区鳞次栉比；宜家、山姆、欧尚、迪卡侬等购物中心舒适便利。不少外地朋友来这里后感叹，原先以为这些只能在一线城市里逛到的商超，港闸的一个街区就占全了。

晚上9点，街边人声鼎沸。"来，干杯！"三五好友相聚，有酒、有肉、有故事、有人生，怎不亲切。上班族卸下了一日的劳碌，在欢声笑语中找寻着一份安逸和自由。咖啡屋、简餐吧、酒吧、电影院，管理方在规划、招商时，就充分考虑到了商圈内企业、工作室与消费场所的搭配，让白领一族下了班有地方休闲，让游客体验完之后能留下来消费。可以说，五水商圈的蓬勃发展与人们的消费品质提升密不可分。

对于附近的居民来说，有了五水商圈，吃穿不愁。新冠肺炎疫情最严重的时候，山姆、欧尚等大型商超持续营业找货源，有力保障了市民的"菜篮子"。不少土生土长的港闸人由衷自豪："以前我们买东西都往城里跑，现在，住在老城区的亲朋好友专门坐着公交车到这里来买东西。"没错，小到买件衣服，大到添置家具，在五水汇都能一站式完成。

晚上10点，通吕运河绿廊，还有很多市民在夜跑。呼朋唤友打球、跑步，都是许多人夜间心仪的新选择。近几年，港闸以绿廊水系、近代底蕴为依托，以功能特色、生态环境提升城市品位，绿化面积不断提升。

晚上11点、12点，人潮逐渐褪去，商户陆续打烊，沸腾的五水商圈也枕着江河水进入梦乡。霓虹灯下，和谐五生、生生不息、生机勃勃、共生共荣、宜居宜业的一座新城——五水汇已经昂然崛起。

令人倍感欣喜的是，在不远的未来，在五龙汇区域里将打造出滨水公园，背靠运河、面向长江，成为南通第二生态圈的重要节点。

运河的桨声、商圈的灯影，将让这里焕发生态之河、风光之河、活力之河的迷人风采。

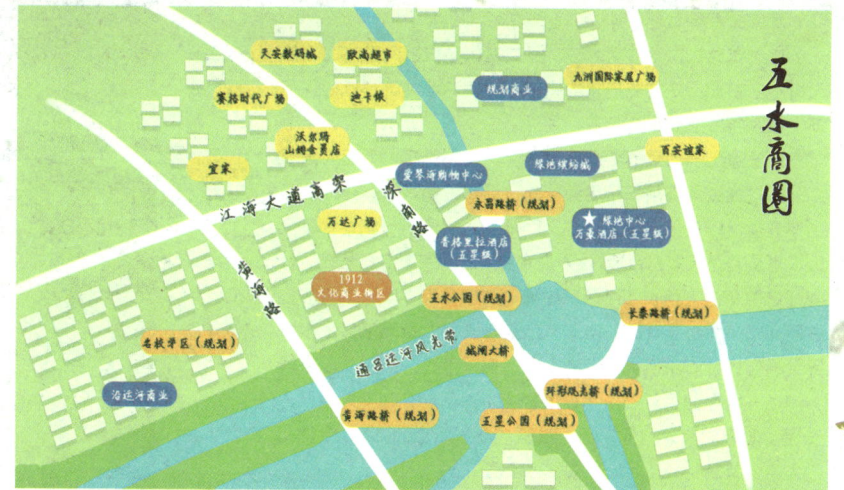

普贤寺：
786岁的罗汉松萌发新枝

　　峨眉山，普贤寺。本是蜀中名山古刹，怎会穿越般地在长江入海口的平原上矗立？

　　南通城北，古运盐河之东，还真有峨眉山普贤寺。此地并无山，名字却不是凭空借用的，历代相传，港闸普贤寺的确与那个四大名山之一有些渊源。

　　这方热土上的故事要从隋唐说起。隋朝末年，南通尚是海上沙洲，如今的港闸一带因为盐业已经热闹起来。有一陈姓盐主在运盐河畔设关卡渔利，积累巨富后居然建了一座"金銮宝殿"，也是因为天高皇帝远，没人去查究。唐高宗李治登基之后，其师僧伽高僧来到长江出海口的狼山之巅建寺，因治水有功，被民间奉为大势至菩萨。当年有僧人自长江上游而来，上狼山拜会僧伽大师。奈何大师远游未归，僧人下山，乘船从段家坝上岸，一路向北追赶。不幸被风雪夜所困，走进这座大殿里，安住了七天。有人问他来历，唯答"峨眉山僧"。后人传说此僧为普贤菩萨化身，此地也被称为峨眉山。

普贤禅寺是南通佛教文化特色景点

普贤寺何时兴建?有人说始建于北宋,也有记载明朝成祖时,通州官员启请朝廷于城北峨眉山建寺,成祖应允,并赐匾额"普贤禅寺"。古寺几度兴废,于1992年重建。赵朴初先生翻阅资料,南通峨眉山早已载入史册,为全国八小峨眉之一,欣然题写"普贤禅寺"。定一法师受邀前来担任住持,古寺于断壁残垣中艰难复兴。

普贤寺现任住持方丈能忍大和尚,祖籍江苏如皋,在佛学文化研究方面造诣精深,每周日定期在本寺讲经弘法。

寺内大雄宝殿前,有一株罗汉松,是普贤寺幸存的历史见证。这一古松蓊郁

普贤寺荷塘

2010年,上海市北高新(南通)科技城全面开工建设,特地将普贤寺完整地保留下来,并打造了莲花广场、普贤寺公园,使之成为具有佛教文化的特色景点。莲花广场上,百米景墙的字体采用梵文,中心由5朵红黄花瓣相间的莲花图案组成,寓意智慧、吉祥、如意。普贤寺公园占地40亩,栽种了重阳木、香樟、银杏、榉树、朴树、桂花等树种,寺旁的荷花池内栽种着约400平方米的荷花,每到盛夏时节便悄然开放,为古寺增添几分高洁雅致,也成了南通人夏日赏荷的又一打卡地。

2017年,在港闸八景评选中,峨眉山普贤寺入选八景之一,名为"普贤梵钟"。无论你要住在周边,抑或是来此休闲,在这安静一隅里散步小憩,听着古寺的钟声,远离城市的喧嚣,可以享受难得的静谧安宁。

苍翠、虬枝盘旋,据测定树龄七百多年,准确地说今年已经786岁了,它种植于南宋末年,被认定是南通市区现存最古老的树。这棵松树经沧桑风雨、岁月蹉跎,本已枝残叶枯。如今重现生机,新枝萌发,这是大自然的奇迹,也是近年来生态修复的成果。

城市绿谷:
面朝长江,鸟语花香

"城市绿谷"这个名字,不太容易让人把它和私家园林联系起来,然而它的确是一座融汇中西的江海名园。它的前身叫做"陈氏花园",1910年,实业家陈维庸在芦泾港芦家圩塘开建这座私家园林,由南通籍建筑大师孙支厦设计,后经扩建有了今天的规模。2009年,政府投资改建这片园林,使之成为面朝长江、鸟语花香的城市绿肺,定名"城市绿谷"。

每一座园林就像每个人一样,都有自己的性格和标签。城市绿谷,直接告诉你"绿"是她的妆容,"谷"取僻静之意境。离城很近,然而,走进这片幽静之谷,顿生陶渊明"心远地自偏"的感觉。

园中绿荫掩映,2000多棵珍奇异木,150多个品种,120岁左右的老树就有二十几棵,它们都是有身份证的哦!那两棵百年老榉是一对亭亭玉立的姐妹花,110岁的香樟和115岁的雪松绰约多姿,它们枝丫擎天、满身青苔,这大概也是一种保鲜的方法。

　　石砖小径四通八达、光滑细腻，去往楼台亭阁的夹道大多植低矮的花树。盛夏之日，立于树冠之下，听阳光和树叶的切切擦擦，周遭鸣禽啁啾，犹如身临幽谷，可将世间忘记。

　　园林毗邻长江，园中水系都引自江水。当年陈维庸的朋友圈里最有名的当属张謇先生。进园即可看见的五人群雕，记录了张謇当年与陈维庸共商治水保坍大计的那一幕。五人的雕像，分别是张謇与其兄张詧、陈维庸先生及从荷兰特聘的水利专家特莱克父子，他们在园主的引导下踏进这座江畔花园。当年的保坍会，办公地点即在此园中。如今，坐在那个六角亭下，就可以从眼前的荷花池看得见长江水的涨落。今天长江岸的风平浪静，离不开先贤们的殚精竭虑，小特莱克就献身于江海水利一线，成为南通人至今铭记的城市英雄。

　　整座园林的中西合璧毫无违和感。在中国风的主调外，洋楼别墅已融入其中。红瓦白墙，带顶盖的烟囱，宽大的转角长廊，英法风格的庄园布局与中式的重檐翼馆、曲水流觞混搭出了花园的独特气质，这里虽然偏居城市一隅，但在那个年代这里绝对是领风气之先的所在。听说主管单位已在规划将几栋小楼开放做成民宿，到时候说不定你也能过一把穿越之瘾，住进百年前的江景花园。

九龙柱广场

Tips 如果你从南边过来，可以选择走长江路高架，一路向北在芦泾路口左转就可到达。如果从东边来，可以走江海大道高架，到长江路口下右转在芦泾路口左转。交通极为方便，不用担心停车。

园中有酒店，可获园林江鲜的双重享受。带孩子来玩，有各种亲子文化、游乐活动。大块的绿茵，可以开展企业团队拓展活动。

唐闸公园：这里是中国菊花保种基地

在老南通的记忆里，以前到唐闸玩，通扬运河以西，就是一家家工厂，也有几家饭店。值得一游的地方在河东，过了大洋桥，往东走有一个好去处——唐闸公园。如今，唐闸老镇改造后，运河两岸都变了模样。河西的工厂除了大生以外都不见了踪影，河东的唐闸公园依然还在，而且更大更美了。

唐闸公园是很有来历的。始建于1913年的这座公园，是张謇先生开创社会事业的一个大手笔。当年，这是为唐闸产业工人专门修建的公园，也是南通当时最早最大的工人公园。

1913年的唐闸公园荷花池

位于当时唐闸镇东郊的这座公园,小桥流水、古木参天、亭台楼阁,处处胜景。园内当时就建造了荷花池,张謇为池边凉亭题写了"观荷亭"。听镇上的老人们讲,在老的唐闸公园内,假山之上还镶嵌了几块宋代皇宫的御石。

新中国成立后,党和政府对于唐闸职工的业余生活更加重视,1953年,将已经破旧的唐闸公园迁址重建。到了2008年,南通市政府启动唐闸工业遗产保护利用工程,唐闸公园作为近代工业文化遗存,成为保护工程中一个重要组成部分。现在这个具有百年历史的公园改造后,面积达到17公顷,成为国内首个以菊花为主题的个性化城市综合体公园。

说起菊花,可是南通的市花。在南通,菊花栽培有着悠久历史,明《通州志》和清《崇川咫闻录》对南通菊花品种、栽培都有记载,"种菊索值"还反映了菊花种植和销售的情况。"不是花中偏爱菊,此花开尽更无花",南通人养菊、赏菊,在民间蔚然成风。1982年,菊花被定为南通市市花,至今每年深秋都有大型菊花展,成为南通人金秋时节的一大盛事。唐闸公园就是一座以菊花文化为特色的公园,每年的菊花展吸引了众多游人,并多次承办过全市的赏菊盛会。

菊花是中国十大名花之一,国内以菊

花为市花的城市有多家，中国菊花研究会将天津、成都和南通确定全国菊花保种基地，是对南通在菊花培育方面成绩的肯定。南通的菊花保种基地，就在唐闸公园。这里现在一枝独秀，成为中国集中保存菊花品种最多的城市，有顾艳等一批菊花培育专家，培育菊花品种1600多种。每年生产绿化菊、盆景菊和观赏菊6万多盆。在全国菊花展览中，南通荣获的奖牌总数、金牌总数连续多年领先于其他城市。唐闸公园每年推出的菊展，毫不夸张地说，代表的是南通菊艺的最高水平，已经成为江海文化的一部分。

走进唐闸公园，四季皆是好景。春天，春色满园已让人目不暇接，遮天蔽日的古老樟树郁郁苍苍，幽幽的樟香沁人心脾，公园宛如一座生态氧吧。仲夏，满池荷花怒放，"接天莲叶无穷碧，映日荷花别样红"，这里是南通最佳赏荷地之一，也是摄影爱好者的天堂。金秋，公园里摩肩接踵的游人尽是为菊花而来。"采菊东篱下，悠然见南山""宁可枝头抱香死，何曾吹落北风中"，菊花的情操意趣，南通的家长从小给教育之乡的孩子以熏陶。冬天，雪覆唐闸，积雪遮不住百年唐闸的无边风韵，"忽然一夜清香发，散作乾坤万里春"。鹊跃枝头，报告着春消息。

菊花精品在这里培育

通吕运河绿廊：
古运河正在"逆生长"

从南通老城区向北，跨过通吕运河，进入港闸腹地，无论你选择静海大桥、通京大桥，还是走北城大桥或者通宁大桥，都会惊喜地发现运河两岸的景致越来越美。一条运河，流淌千年，当它的航运功能渐趋弱化，何以让自己的颜值和气质如此"逆生长"？

遥想南宋咸淳元年，由两淮节制使李庭芝调动当地民力开凿的这条通江达海的大运河串起了各大盐场，使之成为江海平原上一条贯穿东西的运输大动脉。新中国成立后，党和政府投入大量的人力物力进行治理，古老的运河得以展现生生不息的活力。近年来，随着南通第二生态圈打造，最终形成了9.1公里长的通吕运河绿廊。

在绿廊里，高规格的景观带把运河、堤岸、街道、街区建筑物巧妙衔接，蓝脉、绿脉、人脉融合。徜徉在运河边，松软的云朵、湛蓝的天空，都映射在你脚边的碧波里。世上最美的邂逅，便是她的一回眸，你都能懂。当你看过运河曾经沧桑的容颜变得柔滑、润泽，对母亲河的那份眷恋便有了依托。

亲水广场宽敞平坦，你可以放心坐在台阶上，看着孩子们追逐撒欢。咖啡酒吧简餐厅很适合时尚的年轻人，拣一张户外的桌子，点上一杯细啜慢饮。可以趁夕阳西沉，坐看运河上颤动的光影，静静地发个呆吧！

如果喜欢热闹，也可以邀上几位好友前来，沿着长廊走，一起吹吹风。

通吕运河绿廊景观带

沿着运河绿廊缓步徐行，记忆的闸门被慢慢打开，史料上的文字上墙变成一组组形式丰富的画面，向你展现它的前世今生。洗尽了满脸的风霜，我们的古运河还是那么年轻美丽！南岸的清水红砖拱桥、现代雕塑小品，北岸前卫的景观构筑、街区设计，两岸呼应，现代与传统交错、幽静与律动互补，这一份美，得自古运河的馈赠，也来自规划设计者的匠心。

　　春天来了，烟柳婆娑，海棠怒放，草色葱茏，碧波荡漾，流连在此，允许自己贪婪一点，从日出坐到日落。

　　如果是凛冬，你恰好赶上这里的一场初雪，那你必然是那个最幸运的人了。通城的雪大多不轻也不重，不厚也不薄。雪夜里枝头已是洁白无瑕、晶莹剔透，一团团雪媚娘似的。摄影发烧友和附近小区的孩子们都迫不及待过来，长廊里的笑语像运河水上的波纹荡漾。

　　这9.1公里的亲水之路，让你走多少遍，也不厌倦。

- - - - - - - - - - - - - - - - -

　　Tips　运河长廊各项服务设施也非常贴心。每个提示标语都很友好温馨，不会让你的游兴打折。每座桥下面或者旁边就能找到停车场，驾车过来不用担心泊车；景区里的洗手间非常干净，用水方便；要是你走累了，可以顺着道找个地方坐一坐歇歇脚。

福田寺：
岁月风物皆为胜景

从夏到秋,不过一场雨而已。九月的南通,雨微寒,风微凉。总念着去远方,远方却太远,不如到城北的福田寺中,听雨参禅,寻风物变化的妙不可言。

南通福田寺初建于宋朝中叶,当时位置在城北方向,初名"碧霞元君祠",兴盛于明清状态。明庆隆三年,通州知府为校正通州南高北低的风水,将处于城北的福田寺进行了一番修缮,并在寺后筑土堆山,取名为钟秀山。

福田寺的历史上,也留下了不少文人墨客的笔墨印痕,进士顾养谦、陈尧、袁随分别曾为福田寺立碑著记。1913年,状元公张謇将六十岁寿礼捐赠给钟秀山建碧霞元君阁,此后重修福田寺,张謇亲笔题写寺名。

鼎盛时期的福田寺,香火不断,大殿巍峨,一座座房院建筑精美,毗卢佛高踞莲台,宝相庄严。它也是当时的通州九大寺之一,与狼山上的广教寺遥相呼应,一南一北,共护崇川福地、港闸福田。

如今的福田寺,是21世纪初重新选址修建的,位于港闸区陈桥乡河口村,北临通刘河,西依通扬运河,南倚唐闸老镇。现任主持智峰大和尚,当年声名远扬之际,

毅然选择回家乡接手福田寺重建,如今已让这座古寺重新焕发出生机。

这里不仅是一座参禅礼佛的寺院,也是一座一步一景的园林式寺院。寺中建有山门天王殿、大雄宝殿、藏经楼、玉佛殿、菩提书院等建筑,古色古香,各个院落内种满了绿树修竹,很是清幽。被誉为"江海第一阁"的毗卢阁是寺庙的制高点,四层高楼,檐牙高啄,斗拱交错,让人漫步至此,顿生高山仰止、仰之弥高之心。

毗卢阁夜景

钟秀山福田寺

寺院更多时候是清静、安宁的，非盛大节日期间，只有少数的香客和游客漫步在园中，凉亭的一角能看见僧人围坐着静思或者低声交流，远远看到这一幕，让人不忍上前打扰这一份安宁。

从树木林间穿行而过的风，吹得屋檐下的风铃叮咚作响，大概也只有风声才敢肆无忌惮地打破这一地静谧。

要说还有什么花依然婷婷盛开，大概只有池塘里的荷花了。无论是硕大的荷叶还是枝头的荷花，都尽情地盛开，要把一生最美的样子，留给夏天最后的光阴。

时入秋季，院子里的石榴树花落果成，一个个石榴果饱满圆润，是一年一次的丰收啊。橘子树上也冒出了几个青色的果子，凑近闻一闻，橘皮的清香拂过鼻尖，气味清新又提神。

寺院是佛教的传播窗口，又是文化交流的平台。连续多年成功举办的福田文化节，已经是港闸传播中华传统文化的一场盛会。2019年，福田寺为推动佛教文化遗产保护，组织人员挖掘史料，整理出南通佛教高僧录，填补、完善了南通佛教文化及南通福田寺有关史料，其中的16位高僧石刻在福田寺东侧回廊展出。

到福田寺，赏的是胜境之景，参的是无尽之禅。

南通森林野生动物园:
两万只动物萌翻新市北

初夏时节,在抗疫之后逐步复苏的长三角旅游市场,一座大型的野生动物园人气渐旺,成了新晋"网红"景点。2020年5月23日至24日,来自上海、苏州、无锡、泰州、盐城、扬州等长三角城市的媒体记者,以及南通本地的摄影爱好者近百人,走进了生机盎然的南通森林野生动物园。他们以手中的相机记录自然生态之美、园区风貌之奇、动物百态之趣。

在全国抗击新冠肺炎疫情取得阶段性胜利后,南通森林野生动物园积极响应复工、复产号召,于3月11日恢复开放。目前,园区人气渐旺,吸引了来自周边城市游客的关注和青睐,纷纷将其定为疫情平稳后出行的重要目的地。

这届主题为"发现自然之美,探究幸福之源"的摄影大赛,由港闸区幸福街道、

南通森林野生动物园和南通报业传媒集团文教卫体中心联合举办。

南通森林野生动物园位于南通市港闸区幸福街道境内，占地面积3000多亩，是华东地区规模最大的野生动物园之一。其森林覆盖率更是高达65%以上，所以，它同时也是一座植物的大观园，堪称一片生态的高地。在这里，你既可以欣赏到来自世界各地300多种近20000头（只）野生动物或憨态可掬、或灵动活泼、或温文尔雅、或霸道威猛的表情，也可以领略到南亚雨林的多彩、非洲荒漠的粗犷、南美高原的广袤、欧洲森林的温情。

自2018年9月28日正式对外开放以来，秉承"野趣，与丛林共生"的理念和宗旨，南通森林野生动物园以大规模野生动物种群放养和自驾车观赏为特色，凭借独特的生态湿地景观、充满野趣的动物精灵、各类精彩纷呈的演出，以及特色的主题景区、便捷的交通和优质的服务，已经成为苏中苏北地区的旅游新地标，曾创下日接待游客25000多人的纪录，2019年游客总量达120万人次。

虽然开园时间还不到两年,但是,南通森林野生动物园已经引起了国内旅游界的广泛关注。

2018年,该园获得了驴妈妈景区"2018年度最佳新锐奖"、携程中国旅行口碑榜"最佳亲子主题景区"等荣誉称号;2019年,该园又荣获"上海市民喜爱的十大旅游景区"称号和去哪儿网"最具潜力旅游景区"。2019年8月4日,央视《正大综艺·动物来啦》栏目还专门播出了关于该园黑帽悬猴的专题片。

毫无疑问,南通森林野生动物园的落户为这座城市的旅游业开创了新纪元,它让这片成陆千年的江海平原首次出现了袋鼠、非洲狮、南美貘、亚洲象、火烈鸟、黑叶猴的身影。尤为可喜的是,虽然落户时间不长,但是,这些动物不仅适应了异域的生活环境,而且已经开始繁衍生息。2019年2月5日,南通森林野生动物园成功繁育了一只南美貘宝宝,这在江苏尚属首次。同年3月,这里又诞生了世界珍稀的白狮和非洲狮。

走进南通森林野生动物园,你可以选择车行、步行或船行。车行区位于园区的南半部,占地面积约1300亩。在这里,你可以自驾,也可以乘坐园内的小火车。在长达9公里的游览线路上,游客将依次邂逅芦溪菏泽、欧亚森林、美洲丛林、王者部落、风云草场、秘鲁高原、高原荒漠、非洲草原八大景点,既可以和温顺的食草动物们亲密接触,也可以一睹猛虎雄狮们做立山头、独步天下的风采。

什么地方,树在水中长,船在林中游?什么地方,鸟在枝上鸣,人在画中行?如果你选择的是步行或船行,那么,你不仅将可以观赏到众多陆生珍稀野生动物和东方白鹳、蓑羽鹤、黑颈天鹅等水禽类动物,而且还能够欣赏国际大马戏等诸多特色动物的精彩表演,并且还能和动物们来一次零距离的接触和互动。

凭着生态环境的优势,开园以来,南通森林野生动物园还举办了一系列大型活动,2019年4月,被列为2019中国森林旅游节首批休闲观光景点。2019年10月19日,"2019长三角百辆自驾车畅游森旅节"活动走进园区,各地的车友们相聚在此,感受南通森林野生动物园的独特魅力。

其实,南通森林野生动物园离你并不遥远,那么,就找点空闲、找点时间,领着孩子、陪着爱人,到这个充满野趣的生态大观园里走走看看吧。

南通森林野生动物园

车行区

① 芦溪薄泽
黑天鹅 BLACK SWAN
鸸鹋 EMU

② 欧亚森林
梅花鹿 SIKA DEER
欧洲盘羊 MOUFLON
伊犁马

③ 美洲丛林
驼羊 ALPACA SURI

④ 王者部落
河马 LARGE HIPPO
牦牛 YAK
西伯利亚棕熊 SIBERIAN BROWN BEAR
草原狼 STEPPE WOLF
东北虎 SIBERIAN TIGER
亚洲黑熊 ASIATIC BLACK BEAR
白狮 WHITE LION
非洲狮 LION

⑤ 风云草场
大羚羊 COMMON ELAND
貂鹿 MESOPOTAMIAN FALLOW DEER
蓝角马 BLUE WILDEBEEST

⑥ 水鸟世界

⑦ 秘鲁高原
羊驼 ALPACA SURI

⑧ 高原荒漠
骆驼 CAMEL
藏系绵羊 TIBETAN SHEEP
水鹿 SAMBAR DEER

⑨ 非洲草原
长颈鹿 GIRAFFE
鸵鸟 COMMON OSTRICH
斑马 ZEBRA

步行区

① 玛雅雨林
火烈鸟 FLAMINGO
加纳长尾猴 ROLOWAY MONKEY
黑帽悬猴 BLACK-CAPPED CAPUCHINS
黑白领狐猴 RUFFED LEMUR
孔雀 PEAFOWLS
松鼠猴 SQUIRREL MONKEYS
大白鹅 GOOSE

② 澳洲阳光
大灰袋鼠 EASTERN GREY KANGAROO
大赤袋鼠 RED KANGAROO
白袋鼠 WHITE KANGAROO
赤颈袋鼠 RED-NECKED WALLABY
澳洲绵羊 AUSTRALIA'S SHEEP
扇尾鸽 FAN TAIL PIGEON
兔子 RABBIT
豚鼠 DOMESTICATED GUINEA PIG
红脸蜘蛛猴 GUIANA SPIDER MONKEY
白脸僧面猴 WHITE-FACED SAKI
贵妃鸡 DEEP-FRIED CHICKEN
珍珠鸡 GUINEA FOWL
澳洲黑鸡 AUSTRALIAN BLACK CHICKEN
乌骨鸡 SILKY FOWL
婆罗门鸡
斑头雁 BAR-HEADED GOOSE
赤麻鸭 RUDDY SHELDUCK
针尾鸭 NORTHERN PINTAIL
翘鼻麻鸭 SHELDUCK
鸸鹋 EMU

③ 梦幻岛
国际大马戏
黑掌蜘蛛猴 BLACK SPIDER MONKEY
小熊猫 LESSER PANDA
河马 LARGE HIPPO
狼 STEPPE WOLF
矮马 PONY
黑熊 ASIATIC BLACK BEAR
海狸鼠 COYPU

南通森林野生动物园导览图

⑥ 鸟语天堂

① 鸿鹄凌赏
- 赤麻鸭 RUDDY SHELDUCK
- 翘鼻麻鸭 SHELDUCK
- 东方白鹳 ORIENTAL WHITE STORK
- 白枕鹤 WHITE-NAPED CRANE
- 银鸥 HERRING GULL
- 白骨顶鸡 EURASIAN COOT
- 环颈雉 PHEASANT
- 黑天鹅 BLACK SWAN
- 白腹锦鸡 LADY AMHERST'S PHEASANT
- 红腹锦鸡 GOLDEN PHEASANT
- 白鹅 GOOSE
- 长脚鹬 LONG FEET SNIPE
- 鹈鹕 PELICAN

② 百鸟归巢
- 大白鹅 GOOSE
- 蓝凤冠鸠 BLUE CROWNED PIGEON
- 黑凤冠雉 BLACK CURASSOW
- 灰颈噪犀鸟 GREY-WINGED TRUMPETER
- 黑天鹅 BLACK SWAN
- 黑颈天鹅 BLACK-NECKED SWAN
- 西非冠鹤 CROWNED CRANE
- 黄嘴鹳鹳 YELLOW-BILLED STORK
- 美洲红鹮 SCARLET IBIS

③ 红飞翠舞
- 白琵鹭 EURASIAN SPOONBILL
- 蓝黄金刚鹦鹉 BLUE-AND-YELLOW MACAW
- 绿翅金刚鹦鹉 GREEN-WINGED MACAW
- 疣鼻天鹅 CYGNUS OLOR
- 环颈雉 PHEASANT
- 黑天鹅 BLACK SWAN
- 大白鹅 GOOSE

⑦ 迷雾森林
象谷
- 亚洲象 ASIAN ELEPHANT
- 美洲狮 COUGAR
- 南美貘 BRAZILIAN TAPIR
- 湾鳄 SIAMESE CROCODILE
- 孟加拉白虎 BENGAL WHITE TIGER
- 金钱豹 LEOPARD
- 黑豹 PANTHER

⑧ 国宝家苑
- 大熊猫 PANDA
- 阿拉伯狒狒 PAPIO HAMADRYAS
- 金毛羚牛 TAKIN

⑨ 逗宝乐园
- (汗血宝马) 网哈尔捷金马
- 土拨鼠 BLACK-TAILED PRAIRIE DOG
- 细尾獴 MEERKAT
- 太阳锥尾鹦鹉 SUN PARAKEET
- 环颈雉 RING-NECKED PHEASANT
- 兔子 RABBIT
- 浣熊 RACCOON
- 鸬鹚 CORMORANT
- 白鹈鹕 PELICAN
- 豹猫 OCELOT
- 白狮 WHITE LION
- 水豚 CAPYBARA
- 鸸鹋 EMU
- 耳廓狐 FENNEC FOX
- 羊驼 ALPACA SURI
- 长鼻浣熊 PROBOSCIS RACCOON
- 细尾翠羊 FINE TAILED HAN SHEEP

⑩ 百鸟秘境
- 鱼纲：1种
- 鸟纲：1种
- 两栖纲：1种
- 爬行纲：47种
- 哺乳纲：20种
- 蛇颈类：20种

⑪ 猛兽投喂
- 东北虎 SIBERIAN TIGER
- 西伯利亚棕熊 SIBERIAN BROWN BEAR

179

伍

非遗传韵
—— 聚焦港闸非遗项目

一门绝技,
延续着江海千年血脉

在港闸大地,从未间断的文化长河中蕴藏着浩瀚精深、灿若繁星的非物质文化遗产,先辈们一代代地将江海血脉凝结其中,代代相传,直至今天。

今天,当你走在通扬运河边,迎着风,听着似懂非懂的南通话,你可知道,这些言简意赅的短语,正是劳动人民在生活实践中积累、流传下来的。随意飘过的几句,便可能是宝贵的非物质文化遗产呢。

有悦耳动听的,也有赏心悦目的。你看那些手艺人,在他们的手中,棕叶变成了一个个栩栩如生的动物,变化无穷、精彩惊艳。所谓飞花摘叶皆能显出不凡手段。看到这里,你也会为港闸的非遗所惊叹。

季德胜蛇药制药技艺荣获国家银质奖

别急,还有触动你味蕾的。如果你来的巧,碰上了时令,清香的冷饤一定不能错过。"四月初收大麦仁,箫声吹罢卖饤人。青青满贮筠篮里,好伴含桃共荐新。"这说的便是另一项非遗南通冷饤制作技艺。

当然,在港闸大地,值得向你推荐的非遗项目还有很多。

目前,港闸区的季德胜蛇药制药技艺入选国家级"非遗"项目名录,王氏保赤丸制药技艺、陆家锣鼓、花子街、宣和缂丝4个项目入选省级"非遗"项目名录。关于这批南通人家喻户晓的非遗项目,我们曾在上一本相关文旅精品书里作过专题介绍,在这一本《追梦港闸》中,我们再来聊聊港闸的另一批非遗项目。

喜尔甜包瓜制作技艺、板鹞风筝制作技艺、南通棕编制作技艺、南通薄荷提炼技艺、南通艾蓝染色技艺、通谚、南通冷饤制作技艺、南通竹编制作技艺、天生港号子、南通酱油酿造技艺、南通藤编制作技艺11个项目入选市级"非遗"项目名录。这些我们将进一步关注并推广。个别未采访到的项目,今后也会用不同形式加以推介。

这些故事需要慢慢道来。这里想向你倾诉的是,非物质文化遗产的创造过程始终与灿烂的中华文明历史进程紧密联系在一起,体现着人类文明的发达程度,显示了人类在思想和实践上所能达到的智慧高度。在港闸大地的文明进程中,这些非物质文化遗产为淳朴的当地人构筑起安身立命的精神家园。

非遗需要保护,文化需要传承。当下,港闸区采取了挖掘、培育、扶持等有力措施,对具有重要价值的民族民间艺术传承人,给予必要的政策扶持。另外,自2006年起,港闸区非遗保护中心每年都

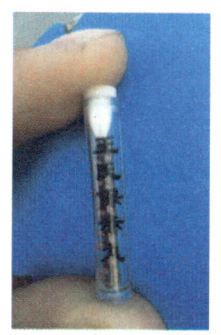

王氏保赤丸制药技艺、陆家锣鼓、花子街民歌、宣和缂丝入选省级"非遗"

会举办非物质文化遗产日宣传活动，主要包括制作非遗主题文化长廊，设立非遗制作台，让老百姓零距离接触传统民间文化，营造全民共同参与保护非物质文化遗产的良好氛围，推动非物质文化遗产的挖掘、抢救与保护工作，提高大众的文化遗产保护意识，唤起青少年一代关爱和保护文化遗产的热情和责任，从而自觉当好文化遗产的主人和守护者、传承者。

　　港闸非遗后继有人，"金丝楠木"陆斌、"陆家锣鼓"陆嘉玉、"南通棕编"马以花等等，已经成为港闸非遗的领头人。如果有机会，你可以去港闸大地寻访一番，一定会有所收获。

天生港号子：
"大清早起"就开始嗨

天生港镇街道爱国村，位于长江北岸，有港闸河、芦泾河两条自然河道，环境优美、水网纵横，鱼鲜虾美、稻米飘香。这里家家户户所居住的园宅，几乎是门前有河，园后有港汊。正如一位老山歌手在过年时，于大门贴上一副自豪楹联：门前有水家常富，屋后无山此地高。

打麦号子

收稻号子

　　南通人将唱号子叫作"嗨号子"。这个嗨，与时下流行的意思不同，是南通方言，即出口唱的意思。劳动人民在长期的劳作中，往往喜欢"嗨"几句号子，提提精气神，增添点乐趣。天生港镇正是天生港号子的集散地，其起根发苗于千年前成陆的小绿洲复兴沙。传说沙洲上，有一条龙旋风"绞"起的小河，弯弯曲曲，因天而生，被称为天生港。先民们在此垦荒种地、打渔晒盐，日出而作、日落而归，为减累解困，自然而然产生了农耕文化中粗犷响亮动听的天生港号子。

　　如今，天生港号子难得听到。据老人们回忆，历史上，天生港号子有铿锵有力的打麦号子、节奏明快的打夯号子、戏谑打诨的拦脚号子、情愫悱恻的削草号子、声调送远的上梁号子、婉转悠长的车水号子等不同分类，再加上天生港人有即席编唱的口才，号子一代一代传承下来。在不同时期，词语有了新的应时变化。

行船号子

　　明代中叶起,从江南等地区迁徙来此的移民,带来了包括号子在内的其他风格的民歌。近代以来的一百多年,随着港闸地区兴起工业和航运业,号子的种类更加多样化,天生港地区逐渐形成了由各路移民文化互相融合、工农业劳动者共同参与,既用于劳动也用于生活的天生港号子。

　　20世纪50年代已步入老年的严朝进、严汉杰、袁满珍等歌手的传承,为天生港号子的发扬作出了不可磨灭的贡献。南通文化专家穆烜先生在文章中说:车水号子在本市郊区(港闸区前身)是很流行的。据说好歌手,可以从早唱到晚,从"大清早起"唱到"天

车水号子

上星多"，没有一首相同的，这说明港闸号子、山歌流传的广泛性与普遍性，它们早早进入了寻常百姓家。

　　港闸曾有多位较有名的号子传唱人，除了前面提到的几位，天生港地区的施四爹、施小连和施桂明祖孙三代至今都在传唱。

　　如今再来研究天生港号子，大家可以发现，它以民间自发创作、口耳相传的方式记录了农耕时代和近代工业劳动大众的生产、生活和情感，保存着许多古老的风俗、文化和方言信息，是不可多得的乡野文化、民间文学宝库。

南通谚语：
乡土味与古雅风并存

小城风采数不尽，最是乡音动心弦。无论哪一种语言，都是一段历史，港闸流传千载的乡音土语亦是如此。

历史上，南通经历了由苍茫大海到沙洲离岛、再连片成陆的演变，现在的南通市区大约在宋代完全成陆。因此这里的居民也是陆续从南北各地迁徙而来，早期的先民们在这里围堤开荒、煮海晒盐、捕鱼捞虾、造屋建园，同时孕育了南通的地方文化。其中包括以南通方言（南通话）为基础、反应本地生产生活特色的南通谚语。受苏北移民和江南移民的影响（尤其是唐代末年以后，南通受浙江军阀家族统治达半个多世纪），南通谚语中也保留了江淮官话和吴方言中的一些文化元素。

Tips 南通谚语：
狼山没后壁
敬重远行客

狼山下长江港口通江达海，是海上丝路的重要枢纽，狼山没后壁——敬重远行客，表达了人们期望大圣庇佑来去亲朋一帆风顺。

山门对碧波，通达二百洲，鉴真东传佛，圆仁西法学，江宁博览会，江岸万千舶，无极版画展，中西珠碧和。古流复沧海，大爱全球播，狼山没后壁，敬重远行客。

谚语是广泛流传于民间的言简意赅的短语,反映了劳动人民的生活实践经验,而且一般是经过口头传下来的,它多是口语形式的通俗易懂的短句或韵语。南通话最难懂,却历来不缺少国内外的研究者,但南通谚语则相对较为冷门,对这一方言文化遗产最为关注、持续研究的港闸人黄步千从1985年开始研究南通方言的同时,逐步收集整理南通成语、惯用语、谚语、歇后语等,2012年开始在报刊上发表相关文章,2016年整理成《乡音土语南通话》,2018年增补出版《崇川纪事——南通方言卷》。

南通方言既保留了很多以中原古汉语为主的上古语言,又吸收了周边的江淮官话和吴方言的文化营养,因此南通谚语用字、用词的范围较广,其中很多现在看来难念、难写、难认的词汇,其实是汉语表达中更细致入微、描绘更生动传神的辞藻宝藏,是经过时间长河的淘洗而积淀下来的语言精华。因此,南通谚语字词丰富、乡土味与古雅风并存、表意生动准确,同时反映出南通地区农耕渔牧并存、经济交流便捷、生活较为富足、文化底蕴深厚且多样的特征。从历史角度看,南通谚语反映了南通地方历史上经济活动(如盐业、农业、渔业、商业等)和社会生活行业的历史印记。而从文学角度看,南通谚语的词语有很多上古的文词,与现代汉语普通话在意思表达上有微妙的区别,有时会更细致、更传神,同时由于民间口头文学的影响,南通谚语也显得生动有趣。特别值得提到的是,南通谚语中还有一些是源自民间传说和故事,隐含着更丰富的民间文学宝藏。再从文化角度看,南通谚语体现了南通人的价值观、审美观和人生智慧,同时也保存着各地移民带来的江淮官话和吴方言中的文化印记,流传至今的南通谚语经过时间淘选沉淀,其中虽有极少落后、粗俗的内容,但绝大多数是积极的、向上的。

南通谚语至今仍有不少在南通人的日常语言中被使用,同时在用南通话表达的方言戏曲、电视栏目及新媒体平台中也一直在传播,像通剧、总而言之栏目、有猫公众号等等,感兴趣的南通人还不少。

蓝染：
"小缸青"里染出"粉蓝布"

也许有的南通人也不知道，南通是世界蓝草名品——蓼蓝的源产地和历史主产区，当地的种蓝制靛被列为明清两朝土贡特产。明清600年来尤以蓝染"小缸青"擅名天下，并以"粉蓝布"染色秘诀标领行业。清乾隆年间，"如皋青"之名享誉大江南北，成为全国驰名品牌。南通正是凭借"种蓝制靛"传统和"小缸青"靛染技艺绝活，赢得中国"蓝染之乡"的赞誉。

不过，由于历史的原因，南通民间种蓝制靛染色技艺断失已达半个多世纪。10多年前，人们在港闸区陈桥街道发现了一处未被历史完全湮没的"粉蓝布"祖传村庄和一位近百岁的蓝染老艺人，这为抢救、复活这一中华民族传统技艺瑰宝提供了可能和机遇，也勾起了许多人的思绪。人们慢慢认识到，南通民间艾蓝染色技艺是生活在江海大地上的历代祖先留给后人的一份极其珍贵的文化遗产，是南通千年农耕文明创造的具有历史影响力的著名地方品牌，也是3000年中华蓝染文化与蓝染技艺的杰出代表。

位于陈桥街道河口村的艾蓝染艺保护基地染坊与织布机。

艾蓝染艺保护基地内景

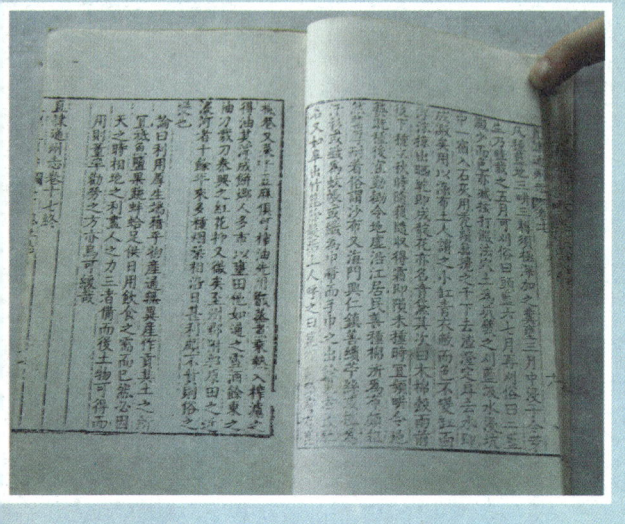

《直隶通州志》中记载"小缸青"

如今,在艾蓝染艺项目组成员与当地民间老艺人的共同努力下,南通艾蓝染色技艺保护基地已经建立,并成功申报第四批南通市非物质文化遗产名录。2019年,蓝草种植面积达70亩,筛选培育适宜当地生长的优质蓝草3大类共6个优良品种,掌握了"种蓝制靛"与"小缸青"蓝染的基本技艺,正在当地老艺人的指导下恢复传统"粉蓝布"染色技艺这一杰出的民间工艺绝活。

自2017年春,基地还连续两年开展种蓝制靛传统技艺的季节性生产,建立了从蓝草播种、培植、收割、打靛、民间老艺人专访以及"小缸青"染色操作技艺的全过程跟踪拍录和数字化建库保护。

现在,你来港闸还可以亲身体验一下"粉蓝布"的魅力。在南通艾蓝染色技艺保护基地,项目组成员自筹经费购置了从打靛、建缸、染色、扎染及观众互动所需的一整套蓝染器

陈家桥农家近代普遍使用的拉梭木织机

具和工具。基地 2018 年种蓝制靛获得成功，打靛 400 余斤，纯植物土靛建缸 5 缸(桶)，恢复了"小缸青"传统染色技艺的演示，前后组织接待了社会团体、高校师生及社区村民的参观体验共 10 余场、数百多人次，而"艾蓝染艺进社区""重阳节扎染围巾祝寿星""小朋友走近天然蓝染"等观众共同参与蓝染体验的传承活动深受欢迎。

三月种蓝

通作家具：
南通"拐儿纹"何以摘得"山花"

电影有"百花奖"、电视有"金鹰奖"、戏曲有"梅花奖"……而中国民间文艺则有"山花奖"。由此也可以看出，"山花奖"的分量有多重。

2019年，在第十四届中国民间文艺山花奖优秀民间工艺美术作品评奖结果中，南通王金祥报送的作品木雕家具《通作文人书房小架子床》成功入围榜上有名。这可是本届"山花奖"评选中，江苏省唯一获此殊荣的民间艺人。

一件家具作品，何以获得中国民间文艺最高奖项？

王金祥是省级非遗"通作家具制作技艺"的代表性传承人，30多年来，他在继承传统家具制作技艺的基础上，不断进行工艺创新，制作出一大批通作"拐儿纹"家具新品，先后十多次在全国及省内工艺美术精品大赛中夺得大奖。

"拐儿纹"是南通地区家具上特有的一种纹饰，是通作家具的代名词。对于

"拐儿纹"，老南通工匠都很熟悉：这种花纹是在传统基础上概括的一种形态高度简化、抽象的龙纹装饰，它与家具横竖分明的线条完美结合，在稳重的同时，又显现出刚柔并济的大气。

与"拐儿纹"结缘，王金祥走过了一段很长的学艺生涯。1979年，王金祥高考落榜，父母抱着荒年饿不死手艺人的古训，让他跟着舅舅学习做木工。刨板、钉钉、自己做工具、设计打样……王金祥从最基础的技术开始，苦练三四年，终于具备了独立制作家具的能力。22岁那年，王金祥为同事独立完成了一张拐儿纹八仙桌，整张桌子榫卯结构合理，虽然零部件多，但不用一点胶水，在当地引起了小小的轰动。

王金祥就此出师，背起一套木匠工具，到南京、上海等地，走南闯北，过了十年四海为家的木匠生活。

十年闯荡，让王金祥不仅积累了工作经验，也积累了一定的资金。他决定回老家创业，从家具小作坊开始，规模越来越大，如今在港闸区秦灶街道永怡路旁，他有了数千平方米的厂房，每年销售额达到上千万元。

事业的成功，让王金祥有了更多精力花在自己喜欢的拐儿纹上。在王金祥的工作室套间里，摆放着一张通作文人小床，这就是"山花奖"获奖作品。这张床材质为红酸枝，马蹄脚，席面为藤编，花板上半部分是阴雕阳刻，床顶花格和花板下半部分是镂空拐儿纹纹饰，尽显通作家具的特点。

现在，王金祥最担心的，还是通作家具制作的传承。工匠巧妙地利用小料，用榫卯结构、割角拼接的技艺，这不是一年两年就能轻易学成的。王金祥希望更多年轻人到他那里去看看，只有年轻人参与其中，在传统技艺中注入新思想，通作家具才能在创新中得到传承。

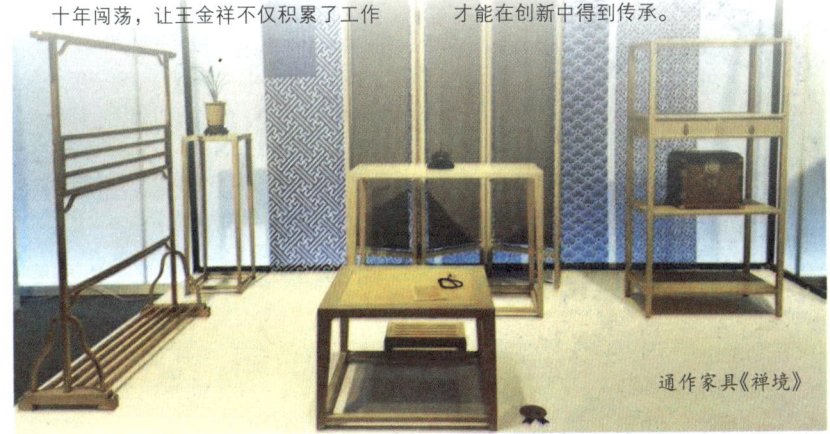

通作家具《禅境》

竹编技艺：
小小提篮装满了乡愁

老南通的家中，过去都有一大堆竹制品，如竹篮子、淘箩、筛子等等。如今这些老物件已不多见，在港闸，偶尔会看到路边有人在卖这些竹制品，可见竹编手艺还在传承着。

竹编制作技艺是中华民族最传统的工艺品种之一。据考古资料证明，人类开始定居生活后，所获得的米粟和猎取的食物稍有剩余需保存，便就地取材，用石斧、石刀等工具砍来植物枝条编成篮、筐等器皿。在实践中，发现竹子干脆利落，富有弹性和韧性，而且能编易织、坚固耐用，于是，竹子便成了编制器皿的主要材料。竹子，在中国的传统文化中，素有刚正不阿、高风亮节等象征意义。历代文人爱种竹、画竹、咏竹，百姓的生活则离不开竹子。

南通地处长江下游冲积平原，气候温和，四季分明，常年雨日平均120天左右，且6月至7月常有一段梅雨，适宜竹子生长。因此，江海平原成了南通竹编制作技艺的摇篮。

南通竹编制作技艺的代表人为廖壹男，这个"手艺男"却不是本地人。廖壹男于1963年出生于台湾彰化的竹屋，祖辈与竹为伍，自幼酷爱艺术，热衷钻研文化。1993年，廖壹男来南通拜有着50年手艺的老篾匠姑父陆善康为师，从事竹工艺技艺的继承与创新。其工艺精湛独特，文化气息浓厚，作品独树一帜，深受国内外友人的青睐。一个看起来和普通竹篮没有太大区别的四方提篮，在细节处却别具匠心，被手艺人巧用木制家具中的榫卯构构的原理，做成专利产品。

廖壹男竹编作品

竹编制品看似简单，制作加工流程还是相当讲究的。其制作的基本功，就是把一根完整的竹子剖成各种各样的篾。篾指劈成条的竹片，篾匠的工具看上去不是特别复杂，一把将竹子盘成细篾的篾刀是必备工具，再就是小锯、小凿子等。还有一件特殊的工具就是度篾齿，铁打成像小刀一样，安上一个木柄，有一面有一道特质的小槽，它的独特作用是插在一个地方，把篾从小槽中穿过后，篾的表面会修饰得光滑圆润，不易划伤手。

篾匠首先要把竹子劈开，一筒青竹，对剖再对剖，剖成竹片，再将竹皮竹心剖析开，分成青竹片和黄竹片。然后再根据需要，竹皮部分剖成青篾片或青篾丝。剖出来的篾片要粗细、厚薄均匀，青白分明，再把它不同的部位做成各种不同的篾丝，经过十几道复杂工艺编织各种生活文化用品等。

南通竹编产品主要有生活用品、茶艺用品、文房用品三大类数十个品种。生活用品主要有竹篓、箩筐、凉席、筛子等，茶艺用品主要有泡茶盘、托盘、杯盘、杯垫、水勺等，文房用品则有笔筒、画筒、博古架等，为满足人民日益增长的美好生活需要，提供健康环保的实用产品。

南通竹编制作技艺是工艺美术在生产生活中的运用，是中国竹编制作技艺的一个重要组成部分。小小一件竹编制品，它记载着中国竹工艺的发展历史，也盛满了无法忘却的乡愁。

港闸传统手工编织竹制品

帽仕汇：
在南锣鼓巷邂逅南通帽子

如果你去过北京南锣鼓巷，你就能看到在这条熙熙攘攘、文艺范十足的古巷里，有一家来自南通的时尚店铺"帽仕汇"。这家店铺位于南锣鼓巷胡同119号，虽然营业员不一定是南通人，但如果你在店里提到南通，一定能和他们套个近乎。店里这些时髦而富有创意的帽子，全部出自南通港闸的一家企业。

一顶帽子，千载"头等大事"。在西方，帽子是权利和地位的象征，它的作用远不止防护、防晒和保暖，它更是时尚配饰，适用于庆典场合。而在中国，古代帽子文化到了周代逐步完善，春秋战国时期被纳入礼治。在我国有着"衣冠楚楚""冠冕堂皇""弹冠相庆"等成语，"冠"就是帽子，因此可以看出帽子对于我国古人的重要性。

在港闸，有一个"帽子哥"，他的帽饰博物馆里收藏着来自世界各地的精品帽饰。馆里的每一件帽饰，都是"帽子哥"从世界各地寻觅而来的。2006年，他开启了"寻帽之旅"，开始收集与帽子有关的艺术品。美国、英国、法国、荷兰、日本、韩国，国内的云贵高原及偏远少数民族地区，都留下了他的足迹。

经过多年积累，从久远的辽代高翅铜鎏金女冠到清代的银点翠七凤冠，再到现当代设计名家的经典之作；从巴拿马草帽到印第安鹰羽帽，再到中国各民族的帽饰；从各类帽架、帽盒到顶戴花翎、眉勒，再到各色荷包、暖耳、云肩……帽饰博物馆可谓应有尽有。

"帽子哥"叫孙建华，南通富美服饰有限公司的创始人，富美公司成立21年来，做帽子，专心、专精，做文化，深入、深刻，这个国内藏品数量最多、品类最全的帽饰博物馆就是证明。在港闸，爱美，或是爱帅的俊男靓女有机会一定要参观一下。

帽饰博物馆还办过不少与帽子相关的主题活动。去年博物馆日，南通博物苑就有一场"头等大事"，几百人头戴造型各异的帽子，演绎一场帽子时尚秀，真是一场美的盛宴、视觉大餐。

自从富美从生产制造为主转型至品牌建设后，旗下品牌公司帽仕汇在全国一线城市拓展迅速，更是收购意大利帽饰商标"KEYONE"，将品牌规划延伸到国际范围。前文所说的北京南锣鼓巷店，就是帽仕汇在国内一线城市的布点之一。

帽子制作技艺是一项重要的非物质文化遗产。未来，孙建华还将整合全国的50位非遗传承人，用他们的传统手工艺来演绎帽饰的多样性，将来准备做有关帽饰的全球巡展。

位于北京南锣鼓巷的帽仕汇专卖店

棕编：
叶子在指尖幻化为精灵

莫听穿林打叶声，何妨吟啸且徐行。竹杖芒鞋轻胜马，谁怕？一蓑烟雨任平生。

东坡先生的《定风波》告诉我们，一千年前披着蓑衣走在风雨中就是那么酷。蓑衣作为古代用来防雨的雨具，其原材料为蓑草抑或是棕树皮。随着时光的流逝，蓑衣已成为模糊的记忆，而制作蓑衣的棕编技艺，也逐渐被人遗忘。然而，总有那么一些人，热忱且真诚，坚持着自己的手艺和信仰。

马以花与她的棕编作品《玄武》

棕编，在港闸大地上原本是农村常见的一门手艺。棕叶编织，从选材、材料加工到后期精加工都十分讲究。一般来说，编成一件作品，快的话需要两三分钟，慢的话则要花好几个月的时间。棕编的编法不算多，重在塑形，只有不断尝试摸索才能找到自己的风格。

几片叶子也能做成工艺品，这就是棕编的神奇，而这也是这门手艺成为非遗的重要原因。如果你细心观察，在大量的棕编作品中可以看出，棕编的魅力不在于原料本身，而在于巧妙地利用原材料的天然色泽及质感编织出精巧别致、栩栩如生的作品。

在港闸区幸福街道，棕编技艺传承人马以花正在用自己的努力，将棕编这门手艺传承下去，一条条棕叶在她的手中渐渐幻化成一个个被赋予灵魂的生命体。

在眼下这个快节奏的社会里，人们总追求速度和效率，时常忽视了雕琢所带来的美好。棕编，大抵可以帮你在匆忙的生活里"平稳降速"，找回一份耐心与匠心。马以花因为喜欢所以坚持着，因为热爱而坚守着，因为崇拜而敬畏着。一代代非遗传承人，都偏爱沉浸在自己的世界里，对于外界的打扰不为所动，而恰恰是这一份沉静、一份匠心，铸造了在各自领域里的专注和成功。

棕编是一种古老的文化，是一门看似简单实则需要用心领悟的手艺，把这样的技艺传承下去，是每一个手艺人打心底里最热忱的期待，也正是因为手艺人的坚持与热爱，棕编才不会落寞。马以花带着她的棕编，走进了社区、走上了课堂，当棕叶在她灵巧的指尖转动之后，一活灵活现的棕编小品就出现在人们眼前。

当看到孩子们被棕编的小动物所吸引，也纷纷动手来做棕编时，马以花觉得，她的坚持是对的。

冷蒸：四月麦香贮篮里

新出锅的冷蒸散发着清新麦香

在南通老一辈人的记忆中，冷蒸是春季的一种时令食品，乡下亲戚送来才能品尝到，后来城乡接合部也有大娘提篮小卖的。现今的冷蒸，仍然是小众食品，但在一些饭店里，可以看到它作为点心的身影。如果你在大麦初熟、田里青黄不接时来港闸，冷蒸是你不可错过的美食之一。

"冷蒸"也写作"冷饤"，其最初的起源无法考证。清代《邗江三百吟》中记载："冷蒸，大麦初熟，磨成小条，蒸之，名冷蒸，以其热蒸而冷食也，并有诗曰：四月初收大麦仁，箫声吹罢卖饧人。青青满贮筠篮里，好伴含桃来荐新。"

冷蒸成为港闸一大特色，这和当地处于长江下游的江苏沿江沿海地区、气候温润有关，这里地处长江北岸，境内土壤肥沃、河道纵横，传统农业较为发达，适合种植的粮食作物主要有稻、麦。

农耕时代，在大麦初熟、田里青黄不接时，人们不得已拿青麦做成冷蒸来充饥。当然很多农家舍不得将尚未完全熟透的麦子采来食用，因此每家只制作很少量的冷蒸。虽然过去的冷蒸是青黄不接时的一种应急食品，但随着社会的发展变化，今天则成了一种应时佳品，只能在暮春初夏不到一个月的时间里、在很少的地方可以买到吃到，麦子黄熟了，冷蒸也就落市了。

过去，南通地区的农家普遍都会制作冷蒸，靠近南通市中心的港闸，因为制作的冷蒸当天可送往市里售卖，所以至今还有一些农民保留着制作冷蒸的传统。幸福街道施店村的张加荣,年轻时在磨坊(当地人成为机坊)跟师傅学会了制作冷蒸,至今他仍在经营一家机坊,自制并代客加工冷蒸。

冷蒸,记载着农耕时代劳动人民顺应天时的生活和心灵手巧的智慧,同时也承载着南通人对家乡味道的情感。随着城市化的快速发展和农村人口的大量外出,这种食材的制作技艺日渐边缘化,目前,冷蒸的制作技艺已经作为非遗项目来加以保护了。

如果你有机会看到制作冷蒸的过程,那是一件幸运的事。冷蒸制作技艺传承人会告诉你,冷蒸是采集灌浆饱满、日趋成熟的大麦或元麦的麦穗,在脱除麦芒和麦壳后,用文火翻炒,经粗磨、扬麸皮、细磨而成的一种条形食物。其制作技艺的精妙,在于炒制火候和磨制颗粒度(细度)的把握。

Tip

冷蒸吃法多样。可以直接食用,也可以煮粥,或混在米面粉里做饼,冷蒸和韭菜一起炒就成为一道菜。

暮春初夏时,如果你在港闸,千万不要错过了。

来自东南亚的留学生在港闸农家体验冷蒸制作的全过程。

酱油酿造：
每一滴都是老味道

民以食为天，百姓的餐餐都很重要。每一道美食，新鲜原味的食材固然重要，要打动食客的味蕾，还要靠的是油盐酱醋的调和。在中国人的饮食习惯中，这些便是美食的密码。

中国酱油的历史最早可追溯到3000多年前的周朝，作为古代皇帝的御用调味品，最早的酱油是由鲜肉腌制而成，与现今的日晒夜露制造过程相近。后来烹调师发现，用大豆制酱油风味相似但成本却低得多，酱油这才进入民间，广为流传。

1943年，南通人陈浦璋在市中心南大街创立酱油坊，采用前店后厂模式生产销售。陈浦璋其人为人正直、做事认真，优质的原材料、一丝不苟的传统酿造技艺，造就了陈氏酱坊的绝佳口味，受到了通城百姓的喜爱。

五山酱油老商标

陈浦璋为人诚信、经营有方，陈氏酱坊逐渐发展壮大，成为当时南通城内最大最知名的酱坊。1949年，陈浦璋邀请南通书法家为酱坊绘制商标，"五山"商标由此诞生。

在位于港闸的五山酿造有限公司老厂房内，一鼎鼎酱缸飘散着香气，似乎又凝固了时光。每天从上午8时起，南通五山酿造有限公司老员工丁炳南在一个个酱缸中间穿梭，检查缸内酱油的成色。丁炳南是南通本地人，从19岁开始，他就进五山厂学习酿醋，至今已经快50年了。丁炳南说，那时，南通各地都有酿造厂，采用的也都是古法酿造。

随着时间的推移，不少酿造厂关了门，只有五山厂还在坚持。丁炳南回忆，在20世纪60年代到90年代，"五山"年产量曾超过6000吨，通城家家户户都是其消费者。

能赢得百姓认可，五山原抽酱油生产工艺必有其独特性。总体来说，首先是选料讲究，所有的原辅原料都要经过严格的筛选，然后按照工艺要求，有顺序地投料蒸煮，每上一批料等到蒸汽上来后进行挖甑，圆气后上二批料，再挖圆气上第三批、四批、五批，料上好，盖甑，蒸料计时，蒸半小时闷半小时，关气出料，冷却接种送入曲池。原料经蒸煮后，应呈浅淡的黄褐色，有香味和弹性，熟料无浮水、硬心、不粘、无异味、水份为46%～50%。随后进入曲房进行制曲，根据曲料生长规律，需要进行两次翻曲。将配制好的盐水与曲料拌和入缸，曲料制成酱醅后，前20天需要每天搅缸一次，然后每隔10天清缸一次，共4次，再每隔20天，清缸一次，共3次，直至酱醅成熟，这期间必须一直做好使酱醅日晒夜露的工作。

未来很远，重在当下。作为老手艺人，只有用工匠精神，酿好每一滴酱油，才能让这份老味道"感动"年轻人。

原抽均匀搅拌发酵

甜包瓜：
浓郁酱香融入"野鸡丝"

在南通的特产里头，不能把"甜包瓜"弄下去了。南通甜包瓜是南通家喻户晓的传统特色产品，根据酱园行业老辈的忆述，甜包瓜古已有之，制作技艺的成熟时期大约出现在晚清，距今也有100多年的历史了。20世纪30年代，南通甜包瓜曾出口香港及东南亚地区，抗日战争爆发后中断。不过，这个南通特产在沪、宁、苏、锡等江南城市里一直畅销。

正宗的甜包瓜就出自港闸。这里的甜包瓜具有十分独特的生产工艺，它选料讲究、操作精细，生产方式别具一格。老师傅会把鲜菜瓜采摘到场后，经过严格的选瓜、刺眼、泡灰盐水、盐渍等多道工序，再与以上好面粉制成的曲黄及细白盐直接投料加工。在三伏盛夏、每天清晨和下午，工人都要冒着酷暑进行翻缸：即层曲、层瓜、层盐（瓜用盐擦）进行分层翻缸，直到瓜酱同熟……全部过程要经过100多天。

这在全国酱菜生产工艺中是绝无仅有的，因为一般酱菜（包括扬州酱菜），都是以腌好的咸坯在成品酱料中酱制成熟的。

甜包瓜

买一罐甜包瓜仔细观察,你可以看到甜包瓜的表皮呈蜜枣纹,色泽橙黄或棕红色,光亮鲜艳,肉质具透明感,酱香浓郁,鲜、甜、脆、嫩、咸甜适口。把南通甜包瓜切成细细的瓜丝,与嫩生姜丝、精肉丝配以糖、醋等佐料,即可烹炒成名叫"野鸡丝"的南通美食。野鸡丝美味可口,具有解腻开胃、增进食欲的功效,这是南通地区逢年过节,家家户户必备的佐餐佳品。每到春节,"买甜包瓜炒野鸡丝"已经成了南通的民间习俗。

由于南通甜包瓜的传统工艺具有生产期正逢高温(三伏盛夏)、季节性强(鲜菜瓜上市期只有短短的一个月时间,非常紧迫)、工艺要求高、费工费时(纯手工操作,盛夏一天翻二次缸)等诸多因素,加上鲜菜瓜的瓜源受到限制,南通各地甜包瓜产量已经大幅下降。不过,南通喜尔酱制品有限公司坚持传统工艺,努力留住南通甜包瓜的老手艺,目前,保持每年350缸到450缸的生产水平。

现在,南通甜包瓜腌制特艺成功申报南通市第二批非物质文化遗产名录。来南通游玩,带上几瓶甜包瓜,绝对会让你对这儿留下念想。到南通人家里做客,主人端上一盘野鸡丝,过饭喝粥都觉着鲜香。

野鸡丝

陆

百姓舞台
—— 港闸文化品牌建设巡礼

社区居民赏越剧

以文化人，
共同筑好精神家园

　　这些年来，港闸的经济社会发展驶上了快车道，翻开港闸交出的文化成绩单，同样是韵味浓浓、硕果累累。

　　10部作品获省"五个一工程"奖，获奖类别与数量均在省内各县(市)区中名列前茅。文化港闸，收获于艺术殿堂，根植在江海大地。

　　——文化底蕴，成为创新传承的土壤。

　　让我们从一部来自港闸草根的文艺作品说起。曾经传诵着《花子街》长歌，讲的是叫花子、富家小姐与地主钱富之间命运交错的故事。故事虽然发生在20世纪三四十年代，但勤劳致富、正直善良的主线至今仍有积极意义。

　　港闸区委宣传部、区文体新局等主创人员，对《花子街》叙事民歌传人严金凤老人做了深入采访，以严金凤搜集整理民间文化的过程，引出了花子街的传奇故事，从民间故事中挖掘传统,并弘扬光大。2017 年,这部 3 集 90 分钟的广播剧《花子街》在中央人民广播电台、江苏人民广播电台等媒体播出,产生了良好的社会反响。在创作主题音乐过程中,艺术家们坚守留得住乡愁的情感基调,为主题、歌词、旋律的一遍遍提升增添了神来之笔,《故乡老街》歌曲因此成形。

《故乡老街》的演绎者是歌手金志文,2012 年,他参加浙江卫视《中国好声音》成为年度四强,从此广受关注。后来,金志文又参加了一系列综艺节目,人气越来越高。金志文演唱的《故乡老街》入选了中宣部"中国梦"主题新创作歌曲大型宣传活动的推广曲目,并在南通市"五个一工程"奖中摘得桂冠。

还有一部纪录片也值得一说。《寻找1895》是港闸区委宣传部携手区内文化企业,深入发掘港闸深厚人文内涵的代表作。这部片子以张謇创办大生纱厂为主线,在珍贵的历史镜头与现实交互中,讲述了张謇创业开拓、实业救国的历程,到现今创立南通1895文化创意产业园、工业遗产项目,再到世界申遗、发展先进纺织业的经历。《寻找1895》在中央电视台播出后反响颇佳。

外国朋友写福字

——文化创意,产业扶持助力"文化强区"。

2017年,23集动画连续剧《动物乐园之鼠狗大战》不知你看过没有,在甘肃少儿频道播出期间,该片收视率创下了同类片子新高。也许有的南通人也不知道,这部叫好又叫座的动画片由位于南通港闸赛格动漫产业基地的江苏虹彩动漫娱乐有限公司出品。

近几年,动漫产业是港闸发展文化产业的突破点。在这片历史悠久的土地上,时尚的动漫起步不算早,但起点高、力度大、发展快。全国动漫界知名企业赛格动漫来了,国内十大动漫企业之一的"功夫动漫"也来了,卡梦、天泰、木木等动漫企业也都追随着业内大咖的脚步来到港闸,动漫产业集群开始形成。

乡村小舞台 孩子大梦想

加速搭平台、聚资源,倾力打造全国文化创意产业名城,这是港闸区为建设"文化强区"做出的努力,除此之外,港闸区还出台了一系列政策文件,每年安排400万元文化产业专项经费,设立8000万元唐闸老镇文化旅游开发引导资金。除享受市级相关政策扶持外,港闸区对自带重大动漫游戏原创题材作品(项目)入驻园区、原创动漫产品在3家省级电视台播出或在央视播出的,都给予一定数额补贴,此外还在企业评级、参展、获奖和著作权等方面出台扶持政策。

——文化惠民,品牌迭出让百姓笑开颜。

近年来,港闸区积极实施"文化惠民"工程,努力为辖区百姓提供优质的公共文化服务,涌现出"宇宙宵夜""群乐汇大舞台""天乐之夏""社区文化艺术节"等一批群众文化活动品牌,产生了广泛的社会反响。遍布城乡的群众演、群众看的"群乐汇"大舞台,每年有百余场文艺演出累积为10万人次观众带来欢乐。在"群乐汇"大舞台等活动的带动下,港闸区业余文艺团队已经发展到100多支,参加人数超过5000人。

2017年夏天,在通吕运河北岸水上大舞台上演的"欢乐五水汇",是群众享受精品文化的升级版。它以运河文化贯穿始终、以跨地区城市联动形式进行大型公益性文化展演,10场大戏精彩亮相,每场演出吸引观众超过2000人。有无锡市星韵艺术团、镇江市艺术剧院、南京舞之源艺术团等外地"名角",也有南通艺术剧院,通州、海门等地的歌舞团和本地精品文艺演出队。除了通俗歌曲、歌舞,还有通剧、锡剧、海门山歌、淮剧、昆剧等非遗项目,满足了广大群众不同口味的精神文化需求。

艺术源自生活又高于生活。省、市"五个一工程"奖的诸多打上港闸烙印的文艺精品,都是来源于群众,并经过艺术的提炼与加工,才呈现出光彩夺目的生命力。

话剧《张謇》：
圆了"话剧之乡"一个梦

南通素有"话剧之乡"的美称，百年前，张謇与戏剧事业也颇为有缘，曾创办"伶工学社"，并邀请梅兰芳、欧阳予倩到南通演出。

长期以来，介绍张謇、研究张謇的著作早已数不胜数，但展现张謇事迹的话剧却一直空白。2017年6月12日，张謇形象第一次登上话剧舞台，圆了南通人的一个梦。

话剧《张謇》由南通艺术剧院、港闸区委宣传部联合出品,由国家一级编剧罗周创作剧本,国家一级导演李明华担纲导演,梅花奖得主、国家一级演员康爱石扮演张謇。首演结束后,张謇嫡孙女、百岁的张柔武女士高兴地说:"我祖父的爱国情怀、英雄气概完全表现出来了,我非常满意!"

成功首演后,《张謇》先后在省内外连演50场,观众超过5万人。在随后的"精彩江苏"文艺展演评比中,《张謇》荣获第三届江苏省文华优秀剧目奖、导演奖、表演奖。在国家艺术基金2018年度大型舞台剧和作品滚动资助项目名单中,《张謇》榜上有名。随后,作为江苏省唯一入选第四届中国原创话剧邀请展的话剧,《张謇》在北京国家话剧院连演3场,倾倒了首都观众。

02年,筹建通州师範学院。

03年,筹建同仁泰鹽业公司、

吕四渔业公司。

4年,筹建上海大達輪步公司、

话剧《张謇》为何能赢得观众的心,编剧罗周很有发言权。很多人知道编剧罗周的名字,都始于昆剧《春江花月夜》。确实,罗周写得更多的是戏曲,而张謇一生跌宕起伏、波澜壮阔,如何写好这个人物,曾是摆在编剧罗周面前的一道难题。

最终,呈现在话剧舞台上的话剧《张謇》,以"救国梦、赤子心"为主题,再现了张謇一生实业救国的伟大抱负。全剧以张謇七十大寿为切入点,张謇之子张孝若在《南通张季直先生传记》里曾如此描绘那次祝寿盛况:"宾客四至,车水马龙,公园区域,马路两边柳树行中,扎起彩色牌坊,并悬挂了各种式样的彩色灯笼。"但在话剧中,这次的生日会上,张謇却惊闻其垦牧、棉纺等实业遭遇巨大危机，陷入困境，大生集团棉纱滞销、借贷无门、负债累累，国外又虎视眈眈、列强环伺……七十年风霜雨雪，是进是退、何去何从？名满天下的晚清"状元实业家"，正遭遇他人生中的最大危机。

演过《邓小平在江西》里的邓小平、演过《平凡的世界》里的田福堂，话剧《张謇》里张謇的扮演者康爱石和剧中张謇年龄相近。为了演好这个角色，他从两年前就开始蓄须，所以，观众在剧中看到的"张謇"的胡须可是真的。凭借着这一份认真和敬业，舞台上，康爱石目光如炬、声音坚定，塑造了有血有肉的张謇，对人物气质和内心转换都拿捏得精准适度，大气沉稳的表演风格得到了包括张謇后裔在内的观众的认可。

如今，话剧《张謇》实现了国家艺术资金大型剧目资助项目、滚动资助项目、传播交流推广资助项目连中三元，收获"大满贯"。去现场看一看话剧《张謇》吧，这是你绝对不能错过的！

电视片《张謇》：
让更多观众读懂我们的先贤

拍摄制作时间为10个月，积累筹备用了20多年光阴。2020年1月，由南通籍著名导演夏骏执导的4集纪录片《张謇》在央视纪录频道黄金时间播出，南通先贤张謇的不朽形象，通过央视的传播呈现在更多观众面前。

"张謇是现代南通的缔造者，但他不仅仅属于南通，在近代史的多个领域他都是开拓者，"夏骏说，"让更多观众有机会了解张謇和他的精神世界，感受他的大胸怀、大智慧，这些对当下的观众大有裨益。"

在30多年电视制作历程中,夏骏主持摄制了百余部集电视作品,他始终秉持"用记录形态构建中华文明的影像档案馆,以思想力量解读中华文明的历史密码图"的初心,被业界称为最有使命感的媒体人。

问及《张謇》与夏导的其他作品相比有什么特色,他感慨地说,这是自己拍的第一部人物纪录片。这个第一,必须留给张謇先生。

夏骏说,一个人,一座城,张謇称得上是百年来最杰出的南通之魂,是值得这座城市去铭记和感恩的。但是,对于张謇这位恩公,我们过去认识、学习、理解得还不够,从某种程度上说是抱愧于啬翁的。

作为家乡人,夏骏对张謇先生有着深深的景仰,创作纪录片《张謇》,是他心中蕴藏了数十年的梦想。"这些年,我一直在准备,也不断从张謇先生的恢弘人生中发现新的东西",夏骏说,"作为一个电视人、文化人,我最终可以用自己的方式拍成《张謇》,这不但却了20多年的心愿,更是一次感恩之旅,完成了一次心灵上的救赎。"

"我想尽可能还原一个真实的张謇,比以往任何影视作品更接近他本人。"夏骏告诉记者,为此,剧组采访了100多位专家学者,对张謇的事业、人格作出全面评价、立体解读。可以说这是一部集纳了最多学者观点的片子,这些思维的火花闪耀全片。

张謇对于夏骏而言,是创作的源头,也是孜孜以求的人文标杆。在《张謇》之前推出的大型纪录片《长江》中,夏骏就特地在第三集《现代脊梁》中,用了10分钟左右的篇幅,概述了张謇毕生的成就,"他的杰出贡献成为近代长江历史的光荣,他是长江无愧的骄子。"

一直在研究张謇的夏导,是否还将创作与此相关的作品?对于这个问题,夏骏欣然透露,正在筹备的两个新项目,都与张謇有关。

一部是讲述近代教育史的大片《百年树人——张謇与中国近代教育》。南通如今被称为教育之乡,"江苏教育看南通"成为现实的佳话。但是,历史上的南通偏居江北一隅,在人文教化上与江南差距明显,南通教育能有今天的成就,不得不说是因为有了张謇这个播种者。他用教育家的理念与实业家的气魄逆转了历史,为今天打下了坚实的基础。放眼整个华东,张謇参与创办的学校达370多所,他提出的"父教育,母实业"的理念和一系列革故鼎新的实践,在今天看来依然是挺立在潮头的夏骏透露,《百年树人》的策划方案已经形成,正在推动落实。

夏骏正在酝酿的另一部纪录片为《先贤》,将聚焦晚清、民国时期一批社会建设的实践者、先行者。万事开头难,在传统中国向现代中国转型的过程中,有一批先贤用个人的能量和智慧,靠一己之力建设一方现代社会的雏形,这几块丰碑应该被树立起来,用今天的视角来对社会变革做一次深化探讨。在夏骏列出的这几位先贤名单上,有张謇、梁漱溟、卢作孚、晏阳初等。夏骏认为,张謇是其中最早、最全面、最有代表性的人物,他在南通所作的立体式的社会建设,被当时不少人视作典范。比如卢作孚,他的社会建设就曾受到南通模式的启发,其实践基地重庆北碚,一度被称为"小南通"。

谈到张謇,夏骏总是意犹未尽。他说,我们今天缅怀张謇,通过艺术作品的传播还远远不够。我们是否可以选择一个特定的日子,举行一次公祭张謇的仪式?他对这座城市的贡献、对中国现代化进程的推动,值得拥有更庄严的纪念方式。

2019年10月,电视片《张謇》获得江苏省"五个一工程"奖。夏骏对此倍感欣慰。

纪录片《寻找1895》：与特殊年代的对话

不是南通人，邵耀辉却对唐闸产生了家园情结，她与1895这个特殊年代的对话，留给了当下不少思考。

邵耀辉，湖北武汉人，2007年至2012年在德国柏林理工大学留学，师从景观生态研究所所长、著名环境问题专家曲喜乐先生和城市更新与设计所所长崔利希教授。张謇与南通的近代城市与景观规划是她主要的研究内容之一。2012年7月，邵耀辉以优异成绩通过博士论文答辩，其博士论文《近代南通：张謇的绿色文化遗产 张謇与中国早期现代化之景观规划》被评为柏林理工大学优秀论文，并出版专著。

邵耀辉认为，唐闸是推动世界现代化进程中的一朵奇葩。在她看来，唐闸是中国人在近代民族危亡之际不甘屈服，主动接受西方辐射并与中国传统巧妙嫁接，由工业化到城市化进而推动整个区域发展的特例，开辟了有中国特色的富有诗意的早期现代化模式。难能可贵的是，在帝国主义的

眺望运河上繁忙的货船　　　苏绣艺术家沈寿执教

铁蹄倾轧之下,清末状元张謇艺术地经营地方所表现出的严谨求实与浪漫情怀,在工业化之初即有意识地规避城市病,实施绿色生态城市战略,堪称推动世界现代化进程中的一朵奇葩。

邵耀辉在德国柏林理工大学的博士论文在德国教授中引起了轰动,她回到南通大学之后,带领学生们回到1895年的历史现场,和他们开始了一次寻找。

与此同时,老唐闸人、南通纺织博物院的研究员姜平,也在百年老街上做着唐闸地区工业遗产的普查,他走访了200多户人家,整理了大量的录音和图片资料。抢救即行将消失的文化遗产,是他最迫切的愿望。

南通大学的退休教授张廷栖,已经完成了几十万字的张謇研究,他常常会来到张謇孙女张柔武的家中拜访,想要了解更多他所不知道的1895。

纪录片《寻找1895》截屏图

两集纪录片《寻找1895》，就是以南通大学建筑工程学院联合南通高校自行车协会，开展"寻找1895建筑十年唐闸骑行"活动为引子，讲述了19世纪末清末状元张謇在唐闸创办大生纱厂发展近代工业，到20世纪初唐闸逐步发展成为新兴的工业城镇的历史，寻访了"1895"这个年份给近代南通这座城市留下的特殊印记。这部纪录片，获得了江苏省第十届精神文明建设"五个一工程"优秀作品奖。

看完这部片子，从历史文化名城，到1895创意产业园区，再到世界工业遗产项目申遗，面对历经沧桑的唐闸老镇，回望曾经的繁荣，你是否会思考，今天的南通人将如何面对历史？张謇精神的内核，是否将成为南通城市发展的目标？

电影《那些女人》：镜头里的南通风情

　　桃坞路、长桥酒家、二吾照相馆、西亭脆饼、冷蒸……在南通籍著名导演江平拍摄的第五部与南通有关的电影中，观众能通过这些记忆中熟悉的场景，看到当年南通作为全国模范县的风采。这部题为《那些女人》的电影，从女性视角反映了在抗日战争苏中反清乡时期，发生在南通这座江边城市里腥风血雨却又凄婉美丽的故事。这部获得南通市第七届"五个一工程"奖的影片，称得上南通城市记忆的影像佳作。

江平的这部电影通过回忆的视角，再现了那个腥风血雨的年代，一群不同身份、性情各异的女子，在家仇国恨面前，抛弃前嫌、不计恩怨，与日寇、汉奸、汪伪特工巧妙周旋、斗智斗勇的历史。

这是南通味十足的一部影片。在这部电影中，除了能看到当年的桃坞路外，还能看到南通小码头、江山门、更俗剧院等大场景，另外，西亭脆饼、二吾照相馆、西公园饭店、中华园菜馆、十字街邮局等"老南通"常去的地方也会给大家惊喜。"南通是我的家乡，如今是一座诗情画意般的城市，所以，我要把我所了解的南通原汁原味地在荧幕上展现出来。"江平说。

为了再现民国时期南通商贾云集的繁荣景象，江平对影片中任何一个细节都很用心，在拍摄过程中，他要求演员不能带有北方口音，跟南通不搭边儿的物品一律不得出现在镜头当中。对细节的追求，让这部影片成了江平拍过最苦、也是耗时最长的一部。江平说，在这部影片中，他要拍出南通当年的风采，也以此反衬侵华日军对这座江城犯下的罪行。

江平携《那些女人》剧组与南通观众见面

这部影片演员阵容堪称豪华,其中,不仅有姚晨、佟大为、周冬雨等当红明星加盟,也有于蓝、于洋、秦怡等老一辈艺术家特别出演。影片中,何赛飞扮演的是一个苦到极致的女人,至亲陆续离世,而她给死人穿衣服、倒马桶、挑水……几乎什么都干了;胡可演了一个开水西施,有点神有点怪,参与了一点地下工作;而马精武演的坏老头是周冬雨所演角色的老公爹,逼着儿媳给日本人唱歌跳舞;殷桃在戏里是一个漂亮的、受侮辱的、有爱国心的女性。

虽然演员阵容强大,但你可能不知道,在《那些女人》整个拍摄过程中,全剧100多位演员中,包括95岁的于蓝、94岁的秦怡在内,没有一个人要片酬。另外,不少知名演员在剧中甘愿扮演路人甲、路人乙,甚至没有几句台词。即便如此,这些大腕们也没有一句怨言,每个人的心中,都单纯地希望能将那段尘封的历史通过荧幕让大家再次了解。

电影《六年,六天》:小清新展现大情怀

2017年10月,影片《六年,六天》在国内院线悄然上映。如今看来,这是一部被低估了的影片。《六年,六天》由沈东导演,唐国强监制,王骁、姜瑞佳领衔主演,讲述了路远、宋小朵所代表的青年一代群体由迷茫到找到个人信仰的成长励志故事。

　　这部影片的定位是主旋律电影,却呈现出艺术与商业并重的鲜明特征。引人注目的是,全片共有60余位老中青三代实力派演员倾情加盟。影片中饰演父亲路永明的是实力派演员吴刚,父子从斗气误解到真诚理解的对手戏相当精彩。看看演员表,那就是一个电影"梦之队":朱旭、牛犇、丛珊、张凯丽、冯远征、潘粤明、瞿颖、苗圃、江一燕、冯绍峰、佟丽娅、张一山、赵丽颖、苗苗……影片中的每一个角色和群演,都是影迷熟悉的面孔。谢芳老师在拍摄该片时已80多岁,虽然在片中台词很少,但仍预先向剧组要到相关材料提前准备。祖籍港闸十里坊的保剑锋,也在剧中亮相。在影片中既有演技绝佳的老戏骨飙戏,也能捕捉到"小鲜肉"、流量明星的熠熠星光。用偶像剧的方式来给观众讲主旋律,这确实是一种形式上的开拓创新。

　　影片《六年,六天》以爱情为主线,由2012年的奥运志愿者重逢开始,六年间路远被父亲安排到京郊担任大学生村官,宋小朵也选择出国留学,

电影《六年，六天》剧照

两个人只能相约每年的8月8日在鸟巢相见。直至小朵学成归国，路远成了优秀的基层共产党员，两个人不断成长并实现了人生价值，同时也收获了美好的爱情。两人在收获爱情的同时见证了历史的发展变迁。

该片人设接地气，故事有代入感，整体以小人物、大视角的全新角度，凸显小清新、大情怀的影片导向。故事里，路远和小朵是个体，却也代表着国家这个大集体里的每一个年轻人。这样以小见大、以点及面，将年轻人个人成长与祖国发展合二为一勾勒出来的细腻呈现形式，成为这部电影的一大亮点。

六天的六次相聚，六年的中国变迁，时代社会的面貌正由一个个采访者的讲述呈现在我们面前。回望历史，从2008年奥运圣火的点燃到新丝绸之路的繁盛，我们每一个人都是历史的参与者、是中国梦的实践者，志愿精神在我们这些平凡的中国人之间传递着热力。

六年的历史变迁，六天的相约承诺。一句不忘初心，一生的责任信念。

原创歌曲：
这几首歌唱出浓浓港闸风

歌曲《唱给母亲的歌》

歌曲《我家住在长江边》

总有那么一首歌,让你怀念家乡,唱出思念、勾起乡愁。《夜上海》穿越时空仍是经典,《太湖美》唱出了无锡的水与温情,《成都》则满满是休闲之都的人间烟火。

港闸,江海沃土,别具风韵。近年来,一批优秀的原创歌曲唱出港闸之美,抒发家园之恋。有这样几首歌,值得为您推荐。

浩浩长江,在南通入海,积沙成陆,孕育出一片富饶平原。一曲《我家住在长江边》就是港闸人赠给家乡的优美歌曲。这首歌,通过一个土生土长在长江边的美丽姑娘之口,描绘了长江边的明珠之城南通,悠扬婉转的歌声如同打开一幅江海山河长卷,让人有身临其境之感。主唱金婷婷的声音,展现出人声之美。长江的辽阔、大海的辽阔,化作柔情千千缕、豪情千万丈,表达出在外游子对家乡南通的缱绻思念之情。如果你感兴趣,打开手机,搜一搜歌名,就可以听到这首动人心弦的歌曲。《我家住在长江边》入选了第三批"中国梦"主题新创作歌曲,也获得了南通市第七届"五个一工程"奖。

另外一首歌更是从港闸的草根之歌中提炼而成。港闸人对《花子街》一定不陌生,这部3集90分钟的广播剧《花子街》在中央人民广播电台、江苏人民广播电台等媒体播出,社会反响颇佳。在创作主题音乐过程中,艺术家们坚守留得住乡愁的情感基调,为主题、歌词、旋律的一遍遍提升,一曲《故乡老街》歌曲因此成形。如今,在歌手金志文的演绎下,这首歌曲入选中宣部"中国梦"主题新创作歌曲大型宣传活动的推广曲目,并在市"五个一工程"奖摘得桂冠。

歌曲《故乡老街》

家国情怀,有家更有国。

2019年是中华人民共和国成立70周年,在中国人民及海内外华人同胞的共同努力下,新中国取得了举世瞩目的成就。国家富强、百姓安居乐业,中华儿女正式踏上了实现民族复兴的伟大征程。为新中国成立70周年献礼,港闸区委宣传部特别创作的歌曲《唱给母亲的歌》,表达了中华儿女对祖国母亲的深切眷恋,颂扬了新时代下中华民族不屈不挠、矢志不移的伟大精神。同时也激励当下年轻人应当不畏困难,用自己的不懈努力去"开天辟地"。

《唱给母亲的歌》,在港闸大地唱响爱国情。张謇先生的嫡孙女张柔武女士受邀与港闸籍空军将军王康、港闸籍著名歌手褚云霞及千余港闸干部群众,共同参加这首歌曲MV的拍摄,在唐闸古镇、五水商圈、市北科技城等地歌唱祖国。

一首优秀的歌曲往往令人回忆起一个过去的时代,一首优秀的歌曲也常常能鼓舞人度过一段不平凡的岁月。《唱给母亲的歌》,是对祖国母亲的深情献礼,获得江苏省第十一届"五个一工程"奖可谓实至名归。

Tips

故乡老街

作词：王诗畅　作曲：吴迪　演唱：金志文

瓦松连着青翠，
江水抱着里弄，
晨起的老伯唱响僮子戏，
晚归的渔夫满载江海情，
你是青砖黛瓦的老屋，
你是古巷尽头的院庭，
你是静美白玉兰古朴蓝印花布，
你是时间深处的风铃，
难忘故乡，
点滴记忆心头流淌，
老街故乡，
在那丰润根脉的地方，
你是青砖黛瓦的老屋，
你是古巷尽头的院庭，
你是静美白玉兰古朴蓝印花布，
你是时间深处的风铃，
难忘故乡，
点滴记忆心头流淌，
老街故乡，
在那丰润根脉的地方，
难忘故乡，
谁在传唱古韵悠长，
老街我故乡，
永远魂牵梦绕的地方，
那一条老街百年沧桑，
心中总记得你的模样，
那是剪不断的乡情，
剪不断的那乡情。

扫一扫，听好歌

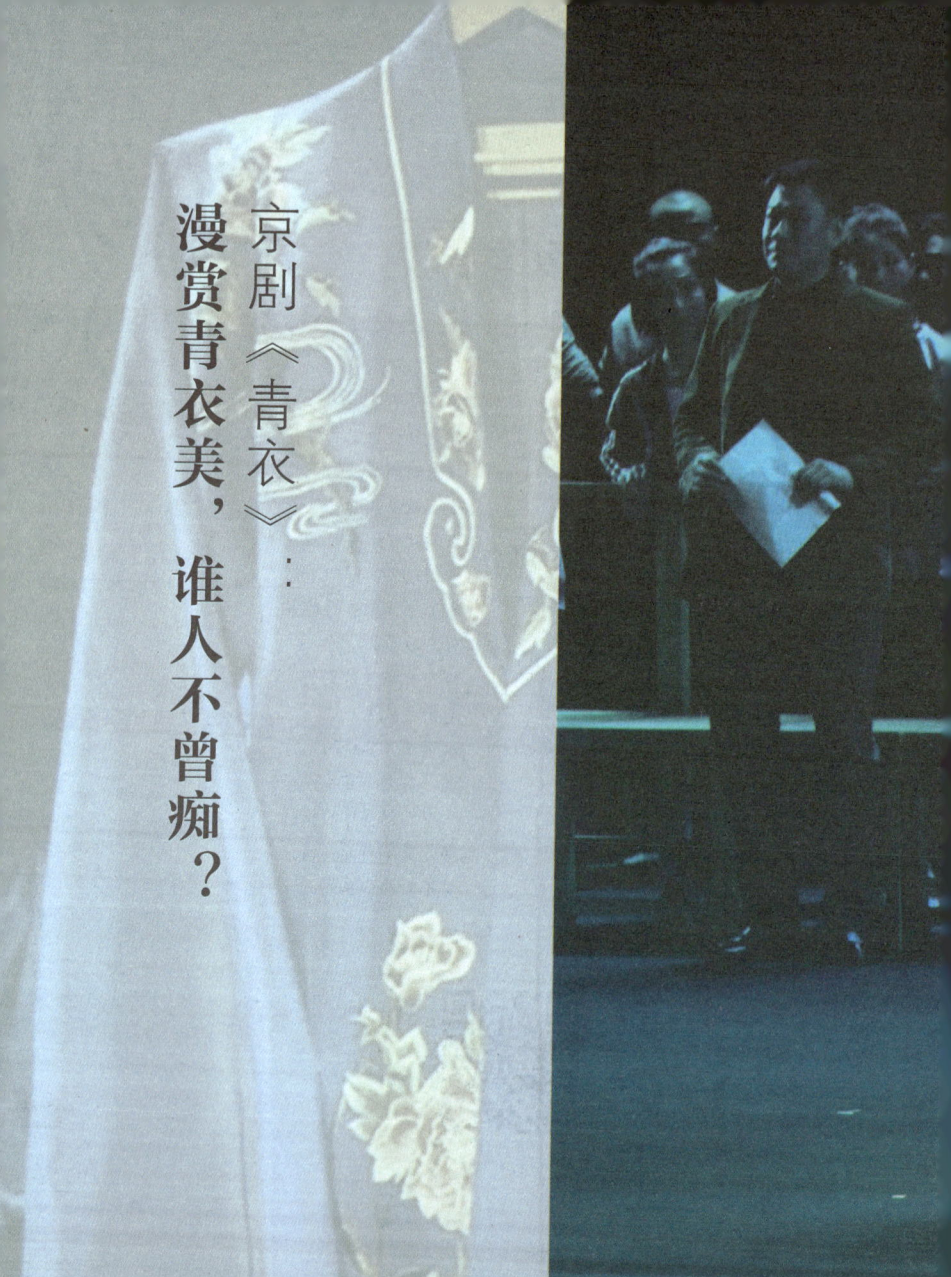

京剧《青衣》：
漫赏青衣美，谁人不曾痴？

"青衣"的形象,或许关联着中国人的某种古典想象和审美寄托。从电影《霸王别姬》里的程蝶衣、到毕飞宇笔下的筱燕秋,"青衣"的形象已越来越意象化。

"从此后每到月华升天际,便是我碧海青天夜夜心……"京剧《青衣》在悠悠的《广寒宫》唱段中响起,把人带入一个足以打动人心的故事。

京剧《青衣》以20世纪80年代为背景,讲述了"戏痴"筱燕秋悲情的一生。年轻时被老团长慧眼识英"天生就是青衣的好料子",筱燕秋孤芳自赏,将自己的全部寄托于嫦娥一角,认为别人的半点失误都是对这个神圣角色的亵渎。一次排练中,嫦娥B角口出恶言,筱燕秋用一杯开水泼向对方,由此结束了自己如日中天的舞台生命。

历史上,《青衣》的版本有很多,京剧《青衣》改编自茅盾文学奖得主毕飞宇的同名小说。该剧分六场,将月宫中凌云而舞的嫦娥、舞台上光彩照人的青衣和大地上平凡琐碎生活的筱燕秋形象以戏曲表演的形式呈现在舞台上,展示了以筱燕秋为代表的现代女性进退失据、无所适从的生存困境和她们困兽犹

京剧《青衣》剧照

斗、寻求自赎之路的心灵历程,以及与命运抗争的决心与勇气。

2016年,京剧《青衣》作为首届紫金京昆艺术群英会开幕大戏,在南京首演大获成功。优美的唱腔、感染力十足的音乐、干净极简的舞美、打动人心的故事,收获赞誉无数。2017年,《青衣》在国家大剧院的惊艳亮相,也拉开了全国巡演的序幕。此后,《青衣》还前往台湾演出,分别在新北市新庄文化艺术中心、高雄佛光山佛陀纪念馆精彩亮相,动人的唱腔、曲折凄美的故事,让在场的台湾观众潸然泪下。

可以说,京剧《青衣》的现代审美不仅仅是外在的表现手段,对人性深刻的探索才是《青衣》的"现代"内核。现代京剧《青衣》,融京剧人的灵魂信念与京剧艺术本身于一体,实现了内容与形式的完美结合,是《青衣》的"回归"。

2017年,京剧《青衣》由中共港闸区委宣传部参与申报,入选江苏省"五个一工程"奖。

欢乐五水汇：
"五水"纳百川，唱响新时代

"欢乐五水汇"已成为市民喜爱的文化品牌

"笑语欢歌夏夜长,晶莹月色映荷塘。碧波荡漾微风起,诗韵港闸意气扬。"

这是一位港闸乡土诗人,献给"欢乐五水汇"文艺演出的赞歌。

说起"欢乐五水汇",新南通人可能会问,这是个什么节目?"五水",又是哪五水呢?

莫急,还是从头道来。水文化是江海文化的特色之一。"港闸"二字都与水有关,通扬运河拥有2000多年历史,通吕运河拥有800多年历史。而"五水"即通扬运河南段及北段、通吕运河东段、船闸河、水闸河五条水系。

而港闸的五水汇区域范围东起通宁大桥、西到节制闸大桥、南达钟秀路、北至江海大道,总面积约6平方公里,其中核心部分为"五水汇"自然风景带及五水商圈。与此同时,港闸还将增加五水公园、1912文化街区、通吕运河绿廊等生态文化项目,港闸区依托五水公园深入挖掘地方文化资源,力求打造汇聚江海文化特色的"五水汇聚"文化品牌。

"欢乐五水汇"则是"五水汇聚"文化品牌的重要内容之一。从2017年夏天开始,南通的百姓又多了一个纳凉消夏的好地方——通吕运河北岸的"欢乐五水汇"

大舞台。在这里，以运河文化贯穿始终、以跨地区城市联动形式摆开擂台，每星期五进行一场大型公益性文化展演。连演10星期，欢乐嗨不停！

南通人都知道，夏夜的濠河边，有个叫作"濠滨夏夜"的群众文化品牌。如今，南有"濠滨夏夜"，北有"欢乐五水汇"，夏夜大舞台，南北相呼应，百姓乐开怀。

港闸地处南通"北大门"，随着城市化步伐加速，居民们从"泥腿子"变身"城里人"，文化需求也随之日趋多元化。因此，在三届"欢乐五水汇"演出中，庞大的演出阵容中既有来自外地的嘉宾——无锡市锡山区星韵艺术团、镇江市艺术剧院、南京舞之源艺术团、淮安市文工团、张家港文化馆、盐城歌舞剧团，也有家乡的特色演出团体——南通艺术剧院、通州歌舞团、海门歌舞团、港闸区文体新局等。在艺术表现形式上，有通剧、锡剧、海门山歌、淮剧、昆剧等各种非遗项目，满足了广大群众不同口味的精神文化需求。

在"欢乐五水汇"舞台上，原汁原味的港闸节目必不可少。舞蹈《港闸梦》、快板《赞双雄》南通号子《嫁新娘》《礼赞七十年 筑梦新唐闸》《奋进七十年 秀美新秦灶》等等，这些都是过去登台的经典节目。舞蹈《港闸梦》，通过小朋友开着的小火车向众人展现了港闸经济开发区重点打造的"生产发达、生意兴隆、生态良好、生活舒心、生命充实"的智慧新城，快板《赞双雄》讲述了慈善双雄——胡汉生和吴锦泉的慈善事迹，南通号子《嫁新娘》展现了南通的民俗文化……在这个百姓舞台上，洋溢着浓浓的港闸味道。

另外，"欢乐五水汇"还为港闸未来的精品文艺创作、群众文化演出积蓄了新生力量。2018年的"欢乐五水汇"舞台上，港闸青年歌手大赛决出了优秀歌手、十佳歌手及冠亚季军，展现出青年朝气蓬勃、青春无悔的时代风采。

"群乐汇"：
将梦想舞台搭建到百姓身边

　　来到一座陌生的城市，是什么让你和它迅速拉近距离？是完善的商业配套，还是便捷的生活方式？其实，应该是人与人、人与环境和谐相处的感觉。这其中，文化的要素是不可缺少的。

　　近几年来的港闸，不管是在日渐繁华的街区，还是在相对偏僻的社区，大家总能在家门口享受到文化大餐。"欢乐五水汇""群乐汇"都是不错的、深受欢迎的百姓舞台，其不仅为附近的居民增添了欢乐，也让到这儿的外地朋友找到了共鸣。

　　除了"欢乐五水汇"，港闸还有个"群乐汇"大舞台。

"群乐汇"舞台上的京剧小明星

港闸地处南通"北大门",随着城市化步伐加速,昔日农民变市民,物质生活大改善的同时,文化需求也更多元。为了给百姓的精神生活增添亮色,2012年,"群乐汇"大舞台项目率先在秦灶街道启动。当年4月,首个"群乐汇"大舞台建成启用,一个全新的群众文化品牌就此开创,很快火遍了港闸。

"群",就是引导群众参与;"乐",就是培育文化乐趣;"汇",就是汇聚精神力量。"群乐汇"大舞台为居民群众畅享文化之乐、展示自我风采提供了便捷的文化载体。它的最大特色就是把舞台交给普通百姓,只要有才艺,谁都能登台。港闸各个文艺社团演出的歌曲、小品、舞蹈、京剧、器乐、舞龙、健身操等,在舞台上大放异彩,涌现了一批批草根"明星"。

近年来,港闸区的群文工作者们为各村开展义务辅导,村民们加入文体队伍的热情空前高涨。全区文艺团队由原来的不足30支发展到如今的100多支,参加人数超过5000人。

如今,"群乐汇"在全区所有街道建设实现全覆盖,成为港闸区最大的、受益人数最多的公共文化服务载体。随着港闸群众文化生活的日益丰富,自娱自乐已经不能满足其需求,"群乐汇"大舞台也在自我转变,专业团队开始融入,与社区团队一起,登上大舞台,同场献才艺。

周周有活动,月月有演出,季季有主题,半年有汇演。作为港闸老牌的群众文化品牌,"群乐汇"大舞台依旧红火。"群乐汇"与"欢乐五水汇"两"汇"相融、点面结合,正逐渐成为丰富港闸居民精神文化生活、成就百姓舞台梦想的丰富载体。

柒

街道风采
——港闸文旅亮点全景扫描

永兴：
永续发展，兴旺通达

"永"意为延长、永久、永远。"兴"意为兴旺通达。《说文解字》中对其概述则是，凡永之属皆从永，这就好比滔滔不绝的江水、互为长存的情谊、不停向前的动力都离不开"永"的属性，皆为永续发展。对"兴"的概述为：举众人之合力，创造发展，进而兴旺通达。

永兴是个"老街道"。100多年来，先贤张謇在港闸展开了中国近现代工业的生动实践，永兴为大生集团提供了大量的劳动力。20世纪90年代，越江路口的永兴瓷砖商城更是成为改革开放南通实践的金字招牌，很多从县区、农村来的朋友，到了永兴的越江路口，就能感受到城市的气息，觉得自己进了城。

永兴更是个"新街道"。在城市化的发展进程中，永兴历经多次区划调整，抓住机遇，成为港闸城市发展的副中心，立足

交通枢纽地位,把培育发展新产业、新业态作为推动产业结构转型升级的突破口和着力点,努力打造产业发展新引擎,一批新业态、新企业即将破茧而生、化蛹蝶变。

永兴,拥有一条迷人的"翡翠项链"——通吕绿廊。绿廊位于通吕运河畔,全长1.6公里,绿地面积18公顷。运河悠悠显江海风韵,绿树花海展宜居气息……永兴的美,在于城市面貌的改善,已从过去主要集中在城区,到现在已经延伸到每一个角落、每一个乡村,一个从升级走向升值的永兴正在深入人心。永兴的人文风貌逐渐展现、五水汇商圈格局基本成型、一座充满现代气息的新城雏形初显,无处不彰显着永兴景色的优美迷人、生态环境获市民点赞,城市面貌实现美丽蜕变。永兴通过拆旧增绿、见缝插绿、边角地复绿等措施让"绿"遍布街道、村内,社区中,不仅惠及民生也为其城市价值加码。永兴街道永兴村社区,在2019年被评为"江苏省生态文明示范村"。

住在永兴街道,就是拥抱了城市商圈。拥抱商圈是一种怎样的体验呢?工作日晚上的啤酒烤串、嘴馋时和家人去打打牙祭、想"剁手"的时候约几个姐妹一起买买买……

五水商圈街景

城市绿谷

五水记忆

　　这里有万达广场、宜家、山姆、迪卡侬等购物中心,也有保利香槟、万达华府等高端美宅,这里更有一群深爱着这座城市的奋斗者。永兴的交通便利、四通八达,从这里出发,可以到达你想去的任何一个地方。过了城闸大桥,就是崇川区;上了高架,不出20分钟就可抵达通州区;沿着新204国道一路奔驰,40分钟可到如皋市;火车站、飞机场距离永兴仅仅20分钟的车程……

　　很多年轻的奋斗者,都想在这里安个家。周末,在迪卡侬运动场来一次大汗淋漓的比赛,陪着孩子乘坐欧尚的室内小火车、在儿童游乐场享受天伦之乐。建设银行、招商银行、农业银行、广发银行、中国银行、交通银行、工商银行等金融机构更是一应俱全,充分满足居民的日常生活需求,免去城市精英们日常生活中的琐碎困扰。漫步在洒满阳光的永兴街道,生活的阴霾随风而逝。

　　对于行走在城市夜晚的人来说,没有什么能比一瓢饮、一箪食更容易妥帖肠胃、慰藉心灵。永兴是个包容的地方,来自五湖四海的居民,带来了各自家乡的味道。在城市的融合中,又形成了具有永兴特色的新味道。永兴的味道在舌尖绽放,知音的大肉包、好多渔的鱼、京酥脆的烤鸭、米市河9号的豆浆、夜宴的龙虾……让永兴的十二时辰充满了烟火气,借着人们的舌尖,它热烈地在永兴铺开,也由此催生出消费经济的新蓝海。

　　永兴拥有滋润的环境、滋润的文化、滋润的生活。城市的景色无论是在初晨的阳光或是夜晚的灯光映衬下,都能勾勒出城市轮廓、透出城市之美。永续发展,兴旺发达,说的就是永兴。

天生港：
百年港湾，如意天生

时光为记,日月为证。翻开天生港百年的历史,一个近代繁华的商港展现在人们眼前。曾几何时,这里曾为江北商港、工业重镇;人来人往、车水马龙。工坊前后相望,商铺鳞次栉比、人声鼎沸,白天机器轰鸣,夜晚灯火林立。

位于南通市最西一隅的天生港,原本是个自然小港湾,仅是渔家渔船的避风处。1904年,张謇决定在这里筹建通江达海的码头,特向两江总督周馥申请自开商埠。呈文说:"凡八州县,一水可通,而天生港适为枢纽之一。"此后,张謇在这里建造港口码头,兴办起天生港电厂、通燧火柴厂等,兴起一系列与民生相关的企业,天生港镇由此成为我国近代民族工业发祥地之一,也使天生港真正成了名副其实的似天而生的港口。这里的大达街、通燧街和泽生街,都是老一辈南通人耳熟能详的老地方。

上图　天生港一带自古是长江沿岸的重要江鲜捕捞港口。随着长江最严禁渔令从2020年起生效,昔日的渔民上岸,成为天生港新市民。

下图　昔日的"长江刀客"在即将拆解的刀鱼捕捞船边摄影留念。

天生港,是张謇一城三镇格局中的重要一环,不仅南通的近代航运由此起步,也是中心城区维持运转的动力来源。经过历史发展的变化和时光洗礼,这些已经成为历史记忆,有许多湮灭在岁月的烟尘里。如今的天生港镇街道滨江临港,长江、通扬运河枕绕周边,区位条件得天独厚,通沪长江大桥近在咫尺,是港闸展示"桥头堡、排头兵"风采的第一窗口。

南通·日本现代制造产业园坐落境内,形成了以政田重工、国盛智科等为代表的先进制造业集群,以南通电厂、华能电厂、天生港电厂等为代表的能源产业集群。

在喧嚣的都市里觅一处独处静心之地,已成了不少人梦想,而居住在天生港的居民则会格外庆幸身处一方治愈系的婉约空间。他们随时随地与绿意为邻,倾听花开的律动,将自然芬芳拥揽入怀,绘制一幅人与自然和谐共生的美妙画卷。白龙湖公园、龙潭公园、古港花都、天生河等城市景观相映生辉,生态岸线面向长江、鸟语花香,展示了水绿相融的城市新貌和宜居环境。

除去宜居的环境,宜业的功能也日臻完善。在龙潭幸福城等城市片区,人气商气加快集聚,总投资超百亿的天生湾文旅综合体项目为城市组团建设带来全新活力。这里人民生活幸福安康,城镇居民人均可支配收入达5.3万元,媲美长三角地区先进水平。

物质文明的充盈塑造了天生港人精神文明的丰腴。在这里社会文明程度高,"慈善双雄"全国闻名,"六度"社区工作法全国推广。与南通大学附属医院合作办医的天生福民中心,使百姓在家门口就能享受优质医疗服务。

而有着百年传承的"天生港号子"则成为这里最具代表性的非物质文化遗产。开埠以来,随着港闸地区兴起工业和航运业,天生港地区逐渐形成了由各路移民文化互相融合、工农业劳动者共同参与,既用于劳动也用于生活的天生港号子。天生港号子的主题内容多样,是记录先民劳作、生活、情感的活化石。

俗话说民以食为天,说起南通的特色美食,天生港就有两样东西不得不说——"草鞋底"和"猪头肉"。南通人都知道,所谓"草鞋底"是一种类似于烧饼的糕点,因其形状狭长、如鞋底一般,薄薄脆脆、酥中有韧,被俗称为"草鞋底"。最著名的"草鞋底"当属出自天生港食品二厂的;随着时间流转,原本辉煌一时的食品二厂关张,最纯正的技术已通过当年的工人流入民间。

而"猪头肉"的诱惑力对于普通百姓来说几乎无人能抵抗。刚出炉的天生港猪头肉晶莹剔透,香气扑鼻,让人不禁口水直流。吃在嘴里的口感是酥软而不烂、软糯爽口的,就连80岁大爷都能将它嚼得很有滋味,吃完满嘴生香。肥中有瘦,吃起来也是肥而不腻的,味道美妙至极。

随着天生港镇街道区划的进一步调整,一个经济发达、城乡靓丽、政治清明、社会和谐、人民安康的"百年老镇,如意天生"正在南通西北翼悄然崛起。

磨刀老人吴锦泉是从天生港走出的"中国好人"。图为磨刀老人对话央视主持人白岩松。

唐闸：活力老镇，魅力新城

说起唐闸，让人最先想到的，就是一座百年前的工业老镇。这个连外地朋友都懂，"唐闸，知道的，张謇开厂的那个地方。"作为张謇实业救国梦想的始发地，唐闸历经时代兴衰、光阴淬炼，到今天焕发出不一样的风采。

连老南通多时不来唐闸，都惊讶这里竟然这么美。是的，她本来就很美。经过对这座民族工业风情小镇的重新打造，唐闸的气质已经掩藏不住了。漫步老镇街道，寻找前工业时代留下的遗存，常年工业制造里留下的创新和细腻，让这个小镇散发着和国内其他旅游景区不一样的味道。

游走在唐闸老镇，你能看到很多青砖

厂房、红顶大宅,它们大都是清末民初的工业遗存。近年来,这些工业遗存被相继挖掘保护,让人们从宏观的视角,感叹当年在横穿唐闸镇的通扬运河两岸,工业化的萌芽保留得如此完整。由于经济发展和制造业转型,作为当年南通工业重镇唐闸的工厂,都纷纷搬迁,踏向远方。但这些保留着时代厚重感的建筑,如今被政府开发利用,成为各种创新产业的孵化地。如果你有时间,在通扬运河和唐闸老镇之间穿行,必定会被很多文创窗口所吸引。在这些旧时厂房内,将祖先传承下的质朴之魂和当下创新精神相结合,让参观者体验到别样的工业旅游之美。

北城夜色

一度沉寂的唐闸再度成为热门的打卡地。南通1895文创园已建成国家级文化产业示范基地、海峡两岸文创产业合作区，唐闸古镇获评"省级旅游特色风情小镇"，汤家巷历史文化街区稳步推进，张謇家风家教馆弘扬中华传统美德，景澜·唐闸印象酒店顺利开业，一个以工业文明为主题的特色小镇已初具规模。

如今到唐闸，你可以看到的远远不止于工业老镇。在今天的唐闸街道范围内，文旅亮点比比皆是。通扬运河、通吕运河，两大运河一纵一横流经唐闸这片土地，运河周边的景点如同颗颗璀璨明珠。在2017年评出的"港闸八景"中，其中的五景在唐闸，分别是唐闸古镇系列景点、唐闸公园、普贤寺、通吕运河绿廊和南通探险王国。

以两大运河为经纬，唐闸区域内水系畅通，有大小河流38条，公园数量位列全市第一，多个小游园和绿化景观带全面建成，形成"十米见绿、百米见水"的宜居环境。

从老镇望向远方，一座座拔地而起的高楼大厦，才会把你的思绪拉回现实。如今的唐闸街道，已经成为南通北翼的生活休闲聚居区。绿洲国际假日酒店、奥特莱斯购物广场、百安谊家家居广场、鸿鸣摩尔综合体、万科金域广场、华强广场、华润万象城、圆融堤调等重头项目纷纷抢滩唐闸，五星级威斯汀酒店、宝月湖科创中心等综合性项目正加快建设步伐。一条北大街重回昔日风光，与老城区著名商业街南大街遥相呼应。北大街商业圈渐趋成熟，正崛起成为南通最具吸引力的黄金商业圈之一。在这里，潮流与传统相结合，吸引了年轻人和创新创业者集聚。

华灯初上，唐闸地界的夜生活也多姿多彩。你可前往万象城欣赏现代都市的流光溢彩，也可前往汤家巷等地，回味夜晚下老镇的缓慢时光。对于吃货来说，唐闸的牛肉、鸡煲是不可错过的"硬菜"。再配以一壶新上市的唐家闸花露烧或菊花酒，当年唐闸工人特有的豪迈之气，在口齿间悠然回荡。晚餐过后，穿过横跨通扬运河的大洋桥，河风吹来，心潮泛起。运河两岸闪亮的灯光秀，秀出了梦幻般的夜唐闸，照见了沧桑老镇的轮廓，也隐约带你走进当年的繁华喧嚣。

如今的唐闸，老镇焕发勃勃生机，新城彰显宜居魅力，日益成为南通北翼发展质态优、生态环境好、民生福祉高的重要组团。来这里走一走，沿途的风景里，满满都是南通的往昔荣耀和城市之光。

新修整的唐家闸

秦灶：
江海名灶，北城旺地

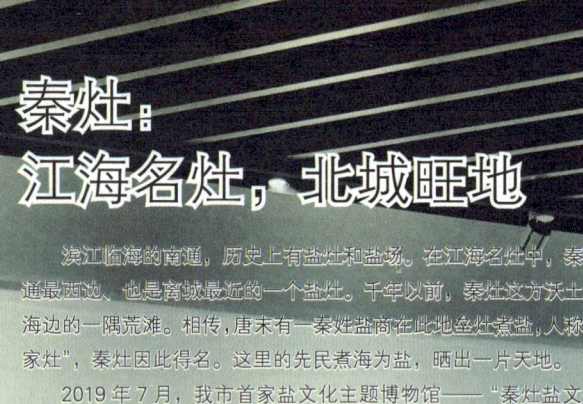

濒江临海的南通，历史上有盐灶和盐场。在江海名灶中，秦灶是南通最西边、也是离城最近的一个盐灶。千年以前，秦灶这方沃土还是沧海边的一隅荒滩。相传，唐末有一秦姓盐商在此地垒灶煮盐，人称为"秦家灶"，秦灶因此得名。这里的先民煮海为盐，晒出一片天地。

2019年7月，我市首家盐文化主题博物馆——"秦灶盐文化馆"开馆迎客，为市民们徐徐翻开了一部盐文化的历史画卷。馆内展出了盐民制盐时饮酒驱寒用的酒囊、近年来在秦灶境内建设工地挖掘出的盐民生活用品残片等珍贵文物，带给参观者生动直观的感受。秦灶街道请专家学者前来授课，对盐文化精神进行了深入挖掘。

古老的运盐河畔,已成宜居之地。

秦灶因盐灶而生,也凭运盐河而旺。秦灶因为靠古运盐河,交通便捷,明朝初期设立码头,成为进出南通城北的重要中转基地。在秦灶桥下,形成了南北长300米、东西长150米的十字街,聚集了大量的商铺。秦灶老街也因此变得人流如织、十分繁盛。

如今,昔日秦灶老街的繁华,已被上海淮海集团和秦灶街道共同出资打造的"江海风情街"所替代。华灯初上,在这里,可以嗅到海派的"腔调"和"情调"——作为南通唯一一条半敞开式、全天候服务的餐饮集聚地,江海风情街涵盖了餐饮、精品酒店、水吧、主题餐饮、量贩式KTV、动漫城、上海连锁餐饮品牌以及南通本地特色餐饮在内的众多商业业态。这里使游人在享受美食的同时,能够得到多元化的消费体验,感受海派文化与江海文化交织的别样气息。

从烧灶制盐起,秦灶自古就一直是个名匠辈出的地方。在这片宝地,走出了曾获得民间文艺最高奖"山花奖"的通作家具博物馆馆长王金祥、专注于"头等大事"的帽仕汇博物馆馆长孙建华、造出全球最大仿生机器人的南通液压机械有限公司总经理黄河等业界响当当的人物。

一位艺术大师说过,"古典家具就像一首老歌,在每一个流动的音符中都蕴含着深深的韵味。"流连于通作家具博物馆,你一定会对这句话的体会更深。这里有对传统文化的坚守与传承,还有通作家具名匠王金祥对生活与艺术的深情述说。这座2000多平方米的博物馆常年免费对外开放,展出床榻类、桌几类、椅凳类、橱柜类等300多件具有南通鲜明标记符号的优良家具,其中包括清朝早期的柞榛木方桌、乾隆时期的金丝楠木拔步床等精品家具,这些都是王金祥20多年来的个人收藏。

市北文体中心图书馆

在秦灶,传统文化与现代工艺的融合,不仅可以体现在一件件精美的家具上,还可以从一顶小小的帽子上找到最生动的表达。在永和路490号的帽仕汇博物馆内,陈列着来自不同国家和地区、不同时代的帽饰藏品。这些精美绝伦的帽饰衍生品,如今几乎已成绝唱。目前,博物馆藏品总数3000余件,这些均由南通富美服饰有限公司董事长、博物馆馆长孙建华先生出于对帽饰文化的热爱,历时10余年、耗资几千万,寻访世界各地搜集而成。这一切,为未来筹建中国(南通)帽饰博物馆打下了坚实的基础。

如果你是一位久居异地的港闸人,回乡寻根,必定得去一趟秦灶地盘上的港闸城市展览馆。展览馆内设"江海春秋""工业基地""文化沃土""蓝图总汇""开放港闸"等多个展厅,通过宏大的场景、翔实的资料、艺术的构思、高科技的手段,生动形象地展示了港闸历史文化底蕴、发展历程、建设成就和未来愿景,构成一个将城市空间特色、历史文化特色、经济发展特色高度融合的独特创意空间。在这里,可以感受港闸人的生活版图、领略生机而喧嚣的港闸全貌、浏览港闸文明演进的活纪录。

事实上,港闸城市展览馆仅是市北文体中心的一部分。作为港闸区委、区政府重点打造的公益事业项目,地处秦灶的市北文体中心总投资约2亿元,建筑面积约

2.8万平方米,由港闸城市展览馆、港闸区全民健身中心、港闸区文化馆、港闸区图书馆等组成。如今,已经成为不少市民假日休闲、健身、学习的"网红打卡地"。

南通是全国闻名的体育之乡。6000平方米的港闸区全民健身中心拥有由南通首家恒温恒湿恒氧游泳馆,可承办篮球、羽毛球、乒乓球等运动项目的综合馆,健身中心和国民体质检测中心等四部分构成的一个集教学、健身、休闲于一体的场馆。

南通是全国历史文化名城。港闸区文化馆内含非遗展厅、名师工作室、美术工作室、培训中心、剧场,场地完善、功能齐全,有静态的艺术品展览,也有动态的各类文艺活动,极大地丰富了市民的业余文化生活。港闸区图书馆内设少儿阅览室、少儿游艺区、成人阅览室、期刊阅览室、藏书室、24小时自助图书馆,为读者提供外借、阅览、检索、咨询、读者培训等服务。

昔日拓荒煮盐的"秦家灶",如今早已成为北城旺地。近年来,秦灶街道将盐文化精神赋予崭新的时代内涵,集中发展现代服务业、总部经济以及现代物流,使工农路沿线形成商贸发达、环境优美、适宜人居的市北新城景观带。一个商贸兴旺、功能完善、宜居宜业的现代化市北新秦灶正在崛起!

市北新城景观

幸福：
红色基因，绿色家园

国内的山川河流、村庄地名，多为名词、姓氏等加上"东、西、新、旧"这些方位和形容词。但在南通城北，有一个街道名叫幸福，和周边的地名相比颇具个性。追根溯源，这"幸福"二字，与周恩来总理的一句话颇有渊源。

南通火车站

南通动车所

飞悦现代农业园

幸福公园

明代，幸福街道区域属西成乡地境，当时通州境内分为六镇、五乡、六盐场。在明末，幸福街道所在地就因生产南通土布和蓝印花布享誉南通。到了清代，陈家榨在这一带有些名头。1929年，这里的许家环圩地区分转水、无量、云秀三乡。1934年，无量乡东半部并入转水乡，更名长牙乡。无量乡西部并入云秀乡，更名云环乡。

因地处南通北部交通要冲，现幸福街道辖区在抗日战争和解放战争时期，成为抗日力量、进步武装与日寇以及顽伪势力的战场。1941年4月9日，为纪念团结抗日而牺牲的宋祖望烈士，由南通县抗日民主政府县长梁灵光提议，将云环乡命名为祖望乡。后为纪念革命先烈单鹤涛，又将陈家榨南的陈孙乡更名为鹤涛乡，将唐闸东的赵峨乡更名为文俊乡。祖望乡所属的5个村全部以烈士命名：环坝村更名为子贤村，为纪念刘子贤烈士；冯渡村更名为钧禄村，为纪念王国钧、许天禄烈士；胜利村更名为德元村，为纪念吴德元烈士；民利村更名为锦荣村，为纪念张锦荣烈士；倪桥村更名为传铭村，为纪念张传铭烈士。这种地名中的红色传承，在南通全境，也属罕见。

1954年春，祖望乡劳动模范王茂德赴京参加英模会，周恩来总理听说他是来自英烈家乡的后代，高兴地说："你们好幸福啊！"就是总理的这一句话，让祖望乡成立第一农业生产合作社时，就以"幸福"命名。1956年转为幸福第一高级农业生产合作社，简称幸福一社。

1958年10月成立人民公社时，南通县人民政府听取广大农民的意见，在把陈家榨周边以革命烈士命名的5个小乡，即祖望乡、鹤涛乡、文俊乡、彦明乡、葆华乡合并时，成立了幸福人民公社，幸福街道至此初具雏形。

如今的幸福街道，在党和政府指引下经过多年艰苦奋斗，已经成为南通市区北部的交通要道，多条交通干线横穿东西、纵贯南北。通启高速、新长铁路斜越而过，南通第一座火车站更是在该街道境内。

进入新世纪以来，幸福街道的经济发展十分迅速，尤其是形成了纺织、服装、机械、电子、化工、建材等为主的工业小体系。而综合物流园、市北科技城等新经济业态，也已在街道内逐渐成熟，散开枝叶。也正是在以"群"集势、以"新"聚能的方针下，通过深耕园区建设和科技创新，加上市北科技城的示范力、综合物流园的辐射力、工业集中区的创新力、楼宇经济的竞争力，在经济发展增长极和城市生活新品质上，让这个富有红色传承的街道，展现出一个又一个新亮点。

经济为先，百态随行。新世纪以来，幸福街道坚持高点谋划，促进城市高效集

在希望的田野上播种幸福

约发展。幸福中心街区升级改造，镇区配套功能提档扩容等一系列民生工程让百姓安居乐业，让各种业态均提档升级。

位于辖区内的南通森林野生动物园的对外营业，填补了南通乃至江苏长江以北可以驾车互动野生动物园的空白。每到周末，驾车前往野生动物园，在车上和动物互动、在车下体验人与自然和谐共生，成为南通甚至周边泰州、扬州、苏州、盐城等地百姓休闲的首选。而环绕着南通野生动物园的万顷良田，更是市区促进社会主义新农村建设的一大亮点。通过大规模的农地整理，推进农业生产经营规模化、现代化；通过建设用地空间整合，优化用地结构，节约集约用地的有效尝试。

如今的幸福街道，奋斗者在这里绘就这新世纪的幸福画卷，老百姓也在这里乐享幸福时光，等待着你来品尝这幸福味道。

陈桥：
万顷良田，一眼千年

　　初夏时节，陈桥必定是果香四溢的。春天，刚在草莓园采摘完草莓，夏天的蜜瓜、西瓜、无花果、油桃、葡萄就接踵而至了。

　　在陈桥街道，几乎每个村都有果园。来自安徽、山东等地的果农纷纷来到陈桥这片万顷良田安家落户，挥洒着他们的汗水，收获着来自泥土的芬芳。仅育爱村就有百亩葡萄园，种植了夏黑、醉金香、金手指、玫瑰香等近10个品种的葡萄；五里树村则种植了70亩猕猴桃果园，有红阳、徐香、金魁等多个品种。每逢采摘时节，总能吸引不少游人慕名前来，走进果园体验采摘果实的农家乐趣，成为陈桥都市休闲农业的一道别样风景线。

　　舌尖上的陈桥，别有一番风味。鹅肉含有人体生长发育所必需的各种氨基酸，从生物学价值上来看，鹅肉是全价蛋白质、优质蛋白质。来陈桥，如果不去队长小农庄吃上一顿大灶鹅，绝对是白来一趟了。这家朴素的农家水上餐厅，坚持大灶烹饪鹅肉和其他菜肴，保留食材原味，冲击着南来北往饕客的味蕾。

如果来陈桥要捎上点土特产带回家，不妨去港闸区现代农业产业园走走，占地1.7万亩的"港闸优质稻米区"年产粮食1.2万吨，是江苏省农垦系统外拓种植示范基地。目前，已有100亩水稻田通过有机水稻认证，基地种植的水稻品种南梗46在江苏省水稻评比中连续五年获得金奖。

吃得尽兴了，必得去溜达溜达消消食。这个时光，在陈桥街道的兰花基地内，被誉为"天下第一香""香美人"的蕙兰已悄然绽放。这地方又称花桥园艺场，3700平方米的智能温室里种植着国兰、洋兰、春兰、蕙兰、墨兰等上千个品种超过十万株兰花。每年不同的季节，不同品种的兰花次第竞放，幽香清远、素洁脱俗，不与桃李争艳、不因霜雷变色，深得游客的喜爱。在这里，你可以观赏、培植、选购兰花，学习兰文化，体验种植兰花的乐趣。在南京农业大学等高校的技术支撑下，这里的兰花种植正由传统农业向现代农业转型升级。

除了赏花，还可以赏草。在位于陈桥街道的蓼蓝种植保护基地，70亩的蓝草长势喜人，预计7月收获制靛。此前，中央电视台一套纪录片《蓝色魅力》摄制组走进这里，聚焦古老的蓼蓝传统染色技艺。陈桥街道有着700余年的种蓝制靛传统，当地种植的小蓝（又名蓼蓝、吴蓝），是世界五大蓝草中最优品种。乾隆年间闻名大江南北的"小缸青"染色技艺，亦出自陈家桥一带。陈桥地区既是中华优质蓼蓝品种的原产地，又是农家小缸青染色技艺保存最完好的乡村。当地农家生产的植物蓝染土布"粉蓝布"，成为明清年间南通历史上最具影响力的地方特产之一。正是基于如此深厚的历史底蕴，陈桥街道于2017年建设艾蓝染色技艺展示馆，开辟蓼蓝种植基地，成功"复活"古老蓝染技艺，旨在接续南通600年蓝靛朝贡特产的历史文脉，重树中国蓝染重镇的地方荣耀。目前，该技艺正在积极筹备申报省级非遗和"国家地理标志保护产品"。

在陈桥街道，南通首座农民公园——占地5公顷的五里树公园也成为不少市民休闲娱乐的好去处。全园围绕自然曲折的水系展开，临水设桥、亭、廊与木栈道，迂回曲折，驳岸边水生植物种植丰富，水边草坪上的草船、渔网和园内雕塑等小景烘托出南通航运历史文化。原始、质朴的景墙丰富了景观构成，静坐于此，满目碧水萦绕，林木苍秀，也成为人们纳凉、活动、晨练、聚会的场所。临水而建的亭台、长廊和科普景墙彰显着古色古香的韵味。远离都市的喧闹，置身于此，让人有种返璞归真的留恋。

若想在陈桥观赏到苏州园林的风光，不妨到陈桥的千年古刹——福田禅寺去走走。这里将苏州园林风格融入寺庙建筑之中，成就了移步换景的福田风光。如今，这座江海名刹重建之后，将无形的佛教文化融入到有形的建筑中，使寺庙中多了几分园林景致的秀丽，别样的风景中多了一丝独特的禅味。值得一提的是，福田寺共有东、西、中三条中轴线，这样的布局在

多彩陈桥令人流连忘返

南通寺庙建筑中是唯一的。

历史上的陈家桥,处在南通市最早出水成陆的通吕水脊,属于南通地方文明最早由盐业转型棉花耕织生产的一方热土,留下了千年农耕文化的累累硕果和人文遗迹,如上官运盐河、永兴场、十八里河口、镇海关帝庙、东海徐夫人墓志、李方膺墓等。其中,唐东海徐夫人墓志的出土揭开了南通千年建城之谜,将南通建城有文字记载的历史又向前推了半个多世纪。

如今,十八里河口已成为通扬运河境域唯一保留千年运河风貌的古运盐河口岸,被纳入南通大运河文化带建设规划予以保护和利用,通扬运河博物馆建设也将加快推进。

作为全国生态文明示范街道,近年来,陈桥街道优美的自然生态风光和珍贵的历史人文遗迹,已引发了各大文旅集团的竞相关注。今年3月,在南通民营经济发展大会暨第三届通商大会上,融创中国总投资380亿元的融创文旅城项目与陈桥街道签订框架性合作协议,该项目的定位是华东地区地标性文旅项目,必将为通城增添新的热点,带来更多人气。

图书在版编目(CIP)数据

追梦港闸 / 南通报业传媒集团有限公司编著. -- 北京：外文出版社，2020.8(2023.5重印)
ISBN 978-7-119-12474-2

Ⅰ．①追… Ⅱ．①南… Ⅲ．①区（城市）－概况－南通 Ⅳ．① K925.33

中国版本图书馆 CIP 数据核字 (2020) 第 144759 号

出版指导	胡开敏
责任编辑	曾惠杰　于晓欧
装帧设计	岳招军　顾玲玲　魏一凡
印刷监制	秦　蒙

追梦港闸

南通报业传媒集团　编

© 外文出版社有限责任公司

出 版 人	徐　步			
出版发行	外文出版社有限责任公司			
地　　址	北京市西城区百万庄大街 24 号			
邮政编码	100037			
网　　址	http://www.flp.com.cn	**电子邮箱**	flp@cipg.org.cn	
电　　话	008610-68320579（总编室）		008610-68327750（版权部）	
	008610-68995852（发行部）		008610-68996057（编辑部）	
印　　刷	三河市同力彩印有限公司	经　销	新华书店 / 外文书店	
开　　本	889mm×1194mm 1/32	印　张	9	
版　　次	2023 年 5 月　第 1 版第 2 次印刷	字　数	93.4 千字	
书　　号	ISBN 978-7-119-12474-2	定　价	68.00 元	

版权所有　侵权必究